大连旅游指南

DALIAN LÜYOU ZHINAN

李义 编著

大连出版社
DALIAN PUBLISHING HOUSE

郝华臣/摄

国家卫生城市 1993年	中国环境综合整治十佳城市 1996年	国家环保模范城 1997年
中国园林城市 1997年	世界人居奖 1999年	全球500佳环境奖 2001年
世界最宜居住城市 2001年	全国科技进步先进城市 2001—2002年	全国城市交通管理一等水平城市 2001—2005年
全国双拥模范城 2003年、2012年	软件产业国际化示范城市 2003年	中国十大最具经济活力城市 2004年
全国社会治安综合治理优秀城市 2005—2008年	全国文明城市 2005年	中国最佳旅游城市 2006年
国际花园城市 2009年	中国十佳美丽城市 2012年	中国服务型政府十佳城市 2012年
中国十大节庆城市 2012年	中国十大创新型城市 2013年	中国十大休闲城市 2013年

目　录

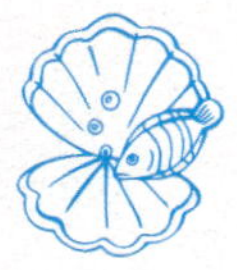

A 色彩缤纷的公园 / 1

B 闲庭信步的广场 / 17

C 绮丽秀美的景区 / 26

D 浪漫迷人的海水浴场 / 47

E 舒适惬意的度假胜地 / 53

F 情趣盎然的特种旅游 / 61

G 闻名遐迩的展馆 / 75

城市概况

大连是一座依山傍海、风光绮丽的海滨城市，只有100多年历史。它在古代是个小渔村，名“三山浦”“青泥浦”，明清以来称“青泥洼”。1898年后逐步发展为城市，1905年正式命名为“大连”。

大连地处辽东半岛最南端，东濒黄海，西临渤海，北依东北广大腹地，南与山东半岛隔海相望，是京津的门户，东北的窗口。

这里气候宜人，冬无严寒，夏无酷暑，四季分明，气温15～25℃的最佳旅游期长达6个月。

大连是我国重要的水果和水产品生产基地，苹果、黄桃等水果和鲍鱼、对虾、海参、扇贝等海珍品享誉海内外。金刚石矿品质优良，储量占全国一半。

大连是东北地区最大的港口城市，是东北亚国际航运中心，有商港、油港、煤港、渔港和军港，港阔水深，不冻不淤。

建市百年多来，曾经遭受沙俄、日本等列强长达半个世纪的殖民统治，但坚强勇敢的大连人民从未屈服，进行了艰苦卓绝的斗争。1945年8月，大连获得解放。

大连拥有“国际花园城市”“优秀旅游城市”等诸多荣誉称号，并注册了“浪漫之都”的旅游城市品牌，每年有许多集旅游、文化、体育、经贸于一体的国际性活动，如夏季达沃斯论坛、服装节、啤酒节、葡萄酒节、赏槐会、徒步大会、商品交易会、马拉松赛等。

大连为副省级城市，享有省级经济管理权限。全市辖六区三市一县，即中山区、西岗区、沙河口区、甘井子区、旅顺口区、金州区，瓦房店市、普兰店市、庄河市，长海县。总面积12574平方公里，户籍人口590万，常住人口670万。

色彩缤纷的公园

星海公园

位置：大连市区西南海滨，中山路西段南侧。东邻星海广场、化物所，西邻自然博物馆、海洋大学。

交通：从大连火车站向南穿越胜利广场至解放路，乘22路公交至星海浴场下。另有23、406、202路公交可达。

星海公园始建于1909年，当时是“星个浦游园”的一部分，称“水明庄”。大连解放后经改扩建，改为现名。公园沿800米长的半月形海滩而建，因海湾水面上露出一块形状奇特的巨石，传说这是来自天外的“星石”，故得名“星海”。

园内林木叠翠，花香飘溢。鹅卵石铺成的条条幽径，把各具特色的棋乐亭、望海亭、海岩亭、迎潮亭等景点串联起来。东山下有

条甬道，曲径回旋，将游人引入东岬角的一个岩洞。岩洞的一端在海蚀崖上，另一端通至崖下海滩，故名“探海洞”。游人可沿阶而下“探海”，也可登上望海亭一览碧水蓝天。

圣亚海洋世界

位于星海公园东侧，与游艇码头为邻，有海洋世界、极地世界、深海传奇、珊瑚世界、恐龙传奇等场馆。美丽的珊瑚世界展示了来自热带海洋的五彩缤纷的珊瑚鱼和活体珊瑚虫。艳丽的色彩、奇异的形状，使人仿佛进入神话般的海底世界。

走进118米长的海底通道，一个晶莹透明的海洋世界呈现在眼前。形态各异的水中岩石与海藻相依，点缀着巨大水体中美丽的景色。一群群各种各样的游鱼，如同数以千计列队布阵的士兵，展现了海底世界的多姿多彩与勃勃生机，游客可隔着玻璃与鱼儿们“亲密接触”。潜水员在水中配合鱼群上下游动，泳姿优美。在海水的包围中，你站在向前缓缓移动的传送带上，仿佛也成了水族中的一员，体会到海底旅行的乐趣。

老虎滩海洋公园

位置：大连市区南部海滨，解放路南端。北邻大连海军舰艇学院，东邻虎滩渔港。

交通：从大连火车站向南穿越胜利广场至解放路，乘2路公交至老虎滩下。另有4、403、404路公交可达。

有着古老而美丽传说的老虎滩海洋公园，三面环海，因其山状如老虎卧于海滩而得名。公园内亭阁错落有致，幽径蜿蜒曲折。“老虎滩”石下有个老虎洞，相传是老虎栖身之地。老虎洞、虎牙礁、望夫石，都记录着青年渔民与老虎搏斗的故事。这里与海湾西岸半拉山相连的空中索道，可让年轻人体验凌空越海的惊险刺激。坐游艇巡海观光，可见虎踞龙盘的南天门、入海吸水的象鼻石、神秘莫测的蟹子洞等，风光美不胜收。

水下世界

老虎滩海洋公园的水下世界是全国规模最大的水族馆，有企鹅、鲨鱼、活珊瑚、“魔鬼飞刀”、“七彩神仙”等海洋动物100多种2000多只。在长25米、宽4米、深3米的表演池内，潜水员可进行重潜、轻潜和泳装表演。

极地馆

它是老虎滩海洋公园的王牌项目，以海洋为主题。作为“国家极地科普教育基地”和全国首批5A级旅游景区，老虎滩极地馆是世界上展示极地动物品种最全、数量最多的展馆之一。

极地动物展示。人们可以在模拟的极地环境中观察北极熊、白鲸、企鹅、海豹、海狗、海狮等十几种极地动物，领略极地风光，感受冰雪魅力。

海洋动物表演。这里有白鲸、海豚、海狮等海洋明星的精彩演出。

鲨鱼展示。几十个品种的300多条鲨鱼，一览无余，“人鲨共舞”场面惊险刺激。

进入馆中360度皆是海水的海底通道和水中广场，感受鱼翔浅底的快乐，是一种难得的亲海体验。

珊瑚馆

这里有来自太平洋热带海域的精品珊瑚200多种，珊瑚礁鱼1000多尾，以声、光、影像等高科技手段仿生、造景、衬托，一个惟妙惟肖、色彩斑斓的海底世界生动完美地展现在游客眼前。馆内有珊瑚及珊瑚鱼精品区、水中万花筒、海底实验室、沉船探宝、科普走廊、潜水表演。这里陈列着稀有的珊瑚树，如色彩富于变化的玫瑰珊瑚，还有香菇珊瑚、绿脑珊瑚、宝石花珊瑚、皮革珊瑚及海百合珊瑚等，个个价值非凡。

鸟语林

这里的鸟语林是目前中国最大的半自然人工鸟笼。它建在山间谷地，19根支架支撑起一张不规则的大网，将山谷封闭起来，蔚为壮观。网内散养着孔雀、丹顶鹤、百灵等150多种鸟禽，计1000多只。经过训练的鸟可以表演骑单车、滑旱冰等节目，趣味盎然。孔雀东南飞、颧鹤放飞等表演，令人流连忘返。

海兽馆

大连第一座永久性海洋动物表演馆。有半圆形阶梯式舞台，可容纳1500名观众。海豚、海豹、海狗、海狮等精彩纷呈的表演，让游客感受到海洋动物的神奇。

虎滩广场

在老虎滩海洋公园的南端，两面环山，一面靠海，面积不甚大，形状亦不规则，有种浑然天成的感觉。广场中央的群虎石雕，为著名画家韩美林设计，高7.5米，长36米，由498块花岗岩组成，最大的一块重18吨，总重达2000吨。形态各异的六只老虎错落有致地交叠在一起，充满动感活力，气势壮阔。基座上镌刻有韩美林书写的“迎风长啸”四个大字。

广场东侧是碧波万顷的大海，游人可在堤坝上观赏海浪拍岸，聆听磅礴涛声。还可沿石阶而下，接触清澈的海水。想要刺激的，不妨坐摩托艇，冲浪海上。

广场上百鸽聚集，海面上海鸥翱翔。山海天地的完美融合，石雕的画龙点睛，百鸟的轻灵飞翔，这就是虎滩广场的魅力所在。

劳动公园

位置： 中山区绿山北麓，大连火车站南500米。北邻青泥洼桥商圈，东依解放路。

交通： 站前步行可至。有2、5、11、24、505、506等路公交可达。

秀色迷人的劳动公园，是市内最大的陆地公园，面积54公顷。始建于1899年，大连解放前历称“西公园”“老虎公园”“中央公园”。大连解放后，市民通过义务劳动改建了公园，更名“劳动公园”。园内清溪潺潺，鲜花如云，假山傍立，芳草萋萋。九曲桥蜿蜒水上，茅草亭古朴别致，是观鱼赏莲、游憩休闲的好地方。

建筑别致的圆明阁雄居绿山南坡，阁前喷泉吐玉，百花赏目。樱花盛开时节漫枝笑盈，犹如彩霞飘落人间，真可谓仙境。

春天的劳动公园，满园碧绿，风拂柳丝，玉兰花盛。孔雀牡丹园中，娇艳的牡丹含苞待放，玉石雕塑“弹月”淡雅文静。走进竹香园，曲径穿林，溪流潺潺，一派南国情调。

绿山观景台

站在劳动公园的绿山观景台上，放眼望去，在蓝天与大海之间，一幢幢高耸的摩天大厦，一片片明丽的住宅小区，城市景色尽收眼底。宽大的草坪上有一个巨大的足球造型建筑，这便是绿山艺术馆，展示着大连“足球城”的风采。

儿童公园

位置： 大连市区东部，中山区南山脚下桂林街旁。南邻日本风情街，东邻海军广场。

交通： 从大连火车站南乘201路有轨电车东行至三八广场下，沿五五路北行200米。另有24、407路公交可达。

儿童公园建于1936年，时名“镜个池儿童游园”。大连解放后先后更名“海港公园”“明泽公园”“儿童公园”。垂柳倒映的湖面，日照下碎银般闪烁，恰如一面明镜。摇橹荡舟，笑语欢歌飞荡湖上。伸延至湖中的九曲桥，可供人们观鱼赏景。

湖畔有各种雕塑，草木葱郁，奇葩竞开，花香袭人。湖南红色的塑胶步道与湖北的木栈道相连，是市民散步、健身的好去处。

中山公园

位置： 大连市区中部，东北路、黄河路交会处西北侧。北邻大连广播电视台，东邻足球名校东北路小学。

交通： 从大连火车站南乘101路无轨电车西行，至长生街或联合路下。另有31、39、534、708路公交可达。

日占时期这里称为“圣德公园”。大连解放后改称“中山公园”，为了纪念孙中山先生而得名。园内设有逸仙广场（立有孙中山铜像）、中式宫殿建筑华宫、老干部活动中心（即日占时期的圣德太子堂，建筑保存完好）等。同时，园内还立有大连市与日本舞鹤市、北九州市结为友好城市的纪念碑和纪念塔。

森林动物园

位置： 大连市区南部白云山景区，滨海路中段北侧。东邻傅家庄，北依南石道街。

交通： 从大连火车站北广场乘541路公交，从站南青泥洼桥乘5路公交，到森林动物园南门下。

大连森林动物园于1995年迁入风景秀丽的白云山，占地7.2平方公里，依山傍海，环境优美，犹如镶嵌在都市中的一颗绿色明珠。

园区养育各种动物130多种，有花园式的食草动物区，有自然形态的猴园，有兀然挺立的熊山，有别具一格的亚洲象馆，还有热带雨林馆、两栖动物馆、海豹表演馆等等，汇集着大自然的万千风情，回旋着生命的美好乐章，体现了“动物是人类永远的朋友”这一主题。一道随意砌成的台阶，一段简单站立的挡土墙，一条碎石板铺就的小路，都体现出人们返朴归真的愿望。它摒弃生硬、冰冷的建筑材料，而代之以木石或仿真木石，让参观者在真真假假的揣摩中，感受都市中远逝了的自然气息。

三座造型新颖的高桥飞架南北，环园游览车四通八达。布局独特的音乐广场，瀑布一步三叠。雁水湖内天鹅游弋，鸳鸯戏水。鸟园、孔雀园、鸵鸟园、杏花园、银沙广场，绿地葱郁，鲜花织锦，流泉呼弦，鹤鸣幽谷。园亭小榭、草庐茅舍趋于自然，意趣盎然。信步园内，让人宠辱皆忘。

在中国园林史上，大连森林动物园的设计与建设是一个首创。它注重人与动物的交流，在环境处理上以自然风光为主，形成自然景观与人文景观的有机结合。

白云雁水

位于森林动物园内，是群山环抱中的一处水源，波明如镜，映出蓝天白云，常有大雁光顾，故而得名。传说，这儿是九天仙女在明月皎洁的夜晚飞临人间沐浴的地方。常有新婚夫妇来此地留影录像，给一生留下美好的回忆。

西山览胜

西山海拔259.6米，山上的瞭望塔高36米。上到塔顶的瞭望平台，可俯瞰满园景色，饱览城市风光。远眺碧波万顷，水天一色，美不胜收。

大连植物园

位置：大连市区东部，南山东北麓。北邻南山隧道。

交通：可乘501、703、712路公交在植物园下。

1920年建园，先后用过“南山麓公园”“弥生池公园”“南山公园”“鲁迅公园”等名称。1980年，改建为专业性植物园，以植物科学试验为主，并向游人普及植物知识。

植物园占地32.4万平方米，大量的园林植物，构成了绚丽多姿的自然环境。园内设有木本植物展览区、观赏植物展览区（包括木兰紫薇园、碧淘樱花海棠园、蔷薇椒树园、丁香园、竹园、红叶果园等）、药用植物展览区、风景林区、花圃及试验研究区等。园东映松池俗称“南大湾”，温润如玉，杨柳依依。园内绿树掩映，花草繁茂，曲径通幽，是读书、晨练、散步的理想去处。

旅顺植物园

位置： 旅顺口区太阳沟景区。北邻旅顺博物馆。

交通： 大连火车站北广场乘专线公交至旅顺汽车站，转乘区内公交至胜利塔下。

为大连地区最早的园林，始建于1902年。在日本殖民统治时期称“后乐园”，是供日本人游玩的场所。

园区面积4万余平方米，栽种了大量珍贵树木，其中紫杉、雪松、红绿木、黄金树等很有特色，以光叶榉、二球悬铃木、欧洲大叶椴、无刺槐等名木古树最为著名。园内有株高大的二球悬铃木，树龄90多年，胸径113厘米，是东北地区最大的一株。

园内辟有大块草坪和花园，荷池扬波，藤萝蔓架，曲径通幽。以松柏为主的植物雕塑各具形态，有的如奔走的骆驼，有的如威武的狮虎，颇具艺术魅力。园中的亭台楼阁也很有韵味，东北角假山之上有座八角亭，于亭中放眼南望，可见美丽的旅顺口内海和巍巍老铁山。

世界和平公园

位置：旅顺经济开发区海滨，距烟大轮渡港仅1公里。

交通：从旅顺汽车站乘18路公交至和平公园下。

国家4A级景区，以和平为主题的大型海滨公园，占地13万平方米。园中主角是百国首脑和平圣诗，镂雕在玻璃幕墙上。

1998年5月，世界诗人大会在美国召开，公园开发者为祈祷21世纪来临之际世界和平，请求与会的各国首脑以世界和平为主题撰诗留念。在他的诚意打动下，终于成就了这一宏伟之举。后来又经各方争取，圣诗最终落户在大连旅顺口，并以和平为主题，建筑一座世界和平公园。据说联合国有过收购此部圣诗的打算。

公园内47公顷的海域，是零污染的海滨浴场，这里的静谧可遇不可求。世界和平文化藏品展馆内陈列着百国大使和平长卷，世界和平千米长廊前耸立着96位元首青铜雕像。它是收藏各国元首铜像最多的公园，有吉尼斯世界纪录为证。

东海公园

位置：大连市区东部，滨海路东端。

交通：从大连火车站前乘201路有轨电车至二七广场，转529路公交至海之韵下。

又称“海之韵公园”，建成仅十余年，园区道路长达7.6公里，将群山、碧海、怪石连为一体，风光独特。若从南门入园，一路苍松翠柏，甚是寂静。来到旭日广场，凭海临风，可欣赏到海天一色、

波澜壮阔的景观。清晨东望黄海，可观赏到旭日升腾的壮观场景，但见辽阔的海面上冉冉跃出一轮红日，充满勃勃生机。

穿过趣味无穷的怪坡，便是十八盘。这是一段陡峭的“S”形山路，约有1公里长，左拐右扭盘旋在山体之间，路面底色是与大海一致的蓝色。道路两侧种植着美国白桦、红枫、红栎、红樱等树种，红、白、蓝三种颜色相间，明丽清爽。13处裸岩巧妙设计出海葵、群鱼、带鱼、海鳗等12种海洋生物的造型，形成海底生物链展示体系。在十八盘驱车或漫步游玩，宛如置身在海底大峡谷之中，别有韵味。

龙王塘樱花园

位置： 旅顺南路龙王塘水库旁。

交通： 大连火车站北广场乘旅顺南路公交至龙王塘下。

旅顺口是我国栽植樱花最早、数量最多的地方，现有樱花3万多株，主要分布在龙王塘等地。龙王塘水库大坝高34米，长327米，坝下便是一个5000平方米的樱花园。

人间四月芳菲尽，龙王樱花始盛开。走在樱花丛中，令人眼花缭乱。低头踏着可爱的小猪蹄形状的花瓣，倍感大地柔软。倘若席地而坐，把酒小酌，或嬉笑打牌，是一种无法名状的欣悦享受。

5月，是最佳的樱花观赏期。樱花绽放时特别绚烂，可惜花期很短，从开花到凋谢不过7日，整棵树从开花到全部凋零大约16天左右。想观赏樱花，万万不可错过这短暂的浪漫花季。

樱花园中有一株著名的星花玉兰，花朵奇大。北方常见的玉兰只有6片花瓣，而这株星花玉兰的花朵却有20片左右的花瓣，像舒展的菊花丝，正面乳白色，背部中间有一条淡紫色的细纹。这株玉兰从日本移植而来，树龄在50年以上。

燕窝岭婚庆公园

位置： 大连市区南部滨海中路东部。西邻傅家庄，东邻老虎滩。

交通： 大连火车站南广场坐环城旅游巴士可达。

此地常有黑燕栖息，燕影如梭，燕声啁啾，故名“燕窝岭”。数十米高的悬崖峭壁直落海面，险峻雄奇。海边礁石各具姿态，站在温波轩上，使人感到如立海中。

它是目前国内唯一的婚庆主题公园，有龙凤柱、龙凤广场、连心亭、海誓石、十二属相柱、情侣广场等景观。从公园下到海边的路有365级台阶，象征一年365天。

园内有座育德文化园，《弟子规》《朱子治家格言》《二十四孝》等被刻在133块彩色石雕展板上，图文并茂，新婚情侣在这里可以得到有益的教育。

闲庭信步的广场

中山广场

位置：中山区，大连火车站东约1公里处。北邻著名商街天津街。

交通：7、15、16、19、23、30、405、708、710等10余路公交可达。

它是大连最大的圆形广场，直径达200米，人民路、中山路、上海路、延安路、鲁迅路等10条大街以此为中心辐射开去。它也是大连最老的广场，始建于沙俄侵占大连时期，周围矗立着诸多造型各异的欧洲风格建筑，有巴洛克建筑，也有哥特式建筑，体现了文艺

复兴时期的艺术特点。广场装有高级音响，每天定时播放名曲，所以又称“中山音乐广场”。

在大连清爽的夏日里，当温柔的黄昏降临，中山广场周边的辐射状马路上，犹如条条溪流汇入大海，络绎不绝地走来了消暑乘凉的人们：有甜蜜相依的年轻伉俪推着宝宝车，有银须霜发的老夫妻悠然信步，有笑语欢声的街坊挚友结伴而行……

广场上，乐声悠扬，舞姿翩翩，歌声笑声在凉爽的海风中回荡，悠闲漫步的人们在此拂去白天工作的疲惫，准备迎接一个更加灿烂的明天……

人民广场

位置：大连市政府门前，周边有公安局、法院和青少年宫、大医附属一院等单位。

交通：15、16、19、303、405、505、702、708、710等10余路公交可达。

人民广场占地9.2公顷，呈方形，有四块宽阔的草坪，犹如碧毡绿毯。在1993年之前，这里称为“斯大林广场”。

清晨，随着旭日的冉冉升起，人流开始陆续向广场汇集。穿着运动服的中年人，绕着绿草如茵的草坪在跑步；鹤发童颜的老人，连扭带舞地做着健身操；浓荫如盖的小径上，人们在悠然地散步……

广场南侧的路旁，一处处小吃摊点被人们围了个水泄不通，叫卖声、吆喝声、谈笑声不绝于耳，汇成清晨的“交响乐”。

碧绿如毯的草坪，竞吐芳菲的花坛，苍翠欲滴的松柏，优雅的林荫小径，构成一幅绮丽的风光画卷。建筑别致的青少年宫，与雄伟庄严的市政府大楼南北相对。广场的南面建有音乐喷泉，一排会“跳舞”的水柱喷出来，又雾一般散落在水池里。

每逢节假日，人们经常会在人民广场看到一队女骑警在巡逻，她们骑着高头大马，英姿飒爽，成了滨城一道亮丽的风景线。

大连市公安局女子骑警大队成立于1994年12月，是世界第一支成编制的女子骑警队，执行治安、巡逻、保卫和礼仪表演等多种任务。在中南路附近，还专门建有女骑警训练基地，游客可前往观看女骑警们的训练表演。

友好广场

位置：大连火车站东南三四百米处，中山路东段。东邻中山广场，西邻青泥洼桥。

交通：大连火车站步行可达。

它是个圆形的环岛广场，大连解放前称“西广场”。20世纪50年代，为了纪念中苏友好而命名“友好广场”。广场南北两侧街区遍布电影院、西餐厅和酒店、公寓、写字间。

广场中央有个硕大的水晶球，造于1996年。它是祥和、吉祥的象征。水晶球直径为15米，表面由3120块镀膜的透明玻璃拼成，重量为117吨。球内有红、黄、绿彩色灯7852只，由计算机程序控制。每当夜幕降临，彩灯变换着各种绚丽的色彩，能产生出旋转的效果，在夜色中犹如绚丽的明珠，煞是好看。

球体下部，托起水晶球的是黄、黑、红、白、棕五种颜色的巨手，象征五大洲不同肤色的人种，也与中国传统的五色土相同，寓意世界各族人民友好相处，共同建设、合力托起大连这颗美丽的北方明珠。

星海广场

位置：大连市区西南海滨，中山路东南侧，滨海路西端。西邻星海公园，北端建有星海会展中心、现代博物馆。

交通：乘16、22、23、202、406、801路等公交至会展中心下。

美丽的星海广场，总面积53万平方米，是中国乃至亚洲最大的城市广场。

在广场中央，有全国最大的汉白玉华表，高19.97米，直径1.997米，以此纪念1997年香港回归祖国。广场中心由999块红色大理石铺设而成，外围是黄色大三角星，象征着炎黄子孙。大理石上雕刻着天干地支、二十四节气及十二生肖。广场四周设有5盏大型宫灯，由汉白玉石柱托起，与华表交相辉映；同时，按照东周、西周以来的图谱，雕刻了造型各异的9只大鼎，每只鼎上铸有一个大字，共同组成“中华民族大团结万岁”，一言九鼎，表达了海内外华人的共同心声。广场内圆直径199.9米，寓意公元1999年为大连建市100周年；广场外围直径239.9米，寓意公元2399年时，大连将迎来建市500周年。

在广场的南端，临海而建一座百年纪念城雕和一组铸铜雕塑。城雕的造型是平放在海边迎风展开的一本大书，面积5000平方米。铸铜雕塑由一条长80米、宽3米的带状铜路平铺而成。铜质路石上印有1000双足迹，全部朝同一方向，向着大海延伸。它象征着百年来大连人民不屈不挠、奋勇向前的历史步伐。在铜路的尽头，雕塑着两个堆沙玩耍的孩子，手指前方，向着大海。

从广场中心沿中央大道北行500米是会展中心，南行500米是无垠的大海。中央大道红砖铺地，两侧绿草如茵，每隔20米设一支航标造型的石柱灯，“航向”直通大海，表达了面向大海、走向世界的豁达气派。伫立在星海广场的中央，背倚现代都市的繁华，面向一望无际的大海，油然生起一种超然于世、心胸开阔之感。

胜利广场

位置：大连火车站前青泥洼桥商业中心区。

交通：乘101、201路电车至火车站下，15、16、19、22、23、702路公交至青泥洼桥下。

大连火车站前一直是商业旺地。1992年，台湾企业家蔡辰南来连考察时，决定在此兴建一座地下商城，这就是胜利广场。1998年广场建成，集广场、商场、保龄球馆、餐饮店等多种服务设施为一体。地上是一个古罗马式的下沉广场，建有两座欧式建筑。

胜利广场主体在地下，共三层，50多个出口，100多个自动扶梯，商铺比比皆是。多种主题的街区将地下城划分得井然有序。每当夜晚，五光十色的灯光将胜利广场装点得更加华丽多彩，宛如一座童话般的城堡。

奥林匹克广场

位置：西岗区中山路南侧。地下为大型商城，包括沃尔玛超市。东邻人民广场、医大一院，北邻百盛商场。

交通：4、12、15、16、19、23、24等10余路公交可达。

它是为纪念大连建市一百年而建，广场上矗立着巨大的五环标志和“中国奥运第一人”刘长春纪念雕像。1998年兴建时，时任国际奥委会主席萨马兰奇先生亲手在广场的基石上填上第一锹土。

广场面积6万平方米，包括1个足球场、12个网球场和4个门球场。整个广场由5个圆形部分组合而成，象征着奥运五环。广场的中央是轮滑和滑板爱好者的天堂。广场东西两侧，各有一个约700个喷头的音乐喷泉，像两只高擎的巨手。

海军广场

位置：大连市中山区，市委大楼南侧。

交通：大连火车站前乘201路有轨电车至二七广场下，另有24、710路等公交可达。

它是继英国、美国之后，世界上第三个以“海军”命名的广场。浮雕墙和海军战士塑像，展现了中国海军发展的历程。广场中央是花岗岩铺彻而成的世界地图，象征着大连的发展与世界同步。广场还有舰艇上的罗盘仪器模型等。

希望广场

位置：中山区中山路与五惠路交会处三角地。东北邻希望大厦和青泥洼商业区，南邻劳动公园和儿童医院。

交通：15、303、406、409、531、702、710路等公交可达。

广场呈三角形，由三块芳草萋萋的绿地组成，冬青和艳丽的小花装扮其间。铜雕的一个打弹珠的儿童，正在瞄准散落在前面的几个各色的弹珠，使整个广场多了份童趣。这里还有一尊母亲托着婴

儿的汉白玉雕像，这便是这个广场名字的由来，寓意孩子是未来的希望。

海韵大道五广场

位置：中山区东部沿海岸线东港商务区内。

交通：11路码头站，13路港兴路站。

海韵大道是东港商务区海滨的一条景观路，宽80米，长6公里，从国际会议中心沿海岸线一直延伸到十八盘下，可供市民和游人零距离亲海。

在这条滨海景观路上，靠海的一侧是木栈道，然后由里向外依次为自行车道、健身塑胶跑道和观光马车道。考虑到游人小憩及驻足观景的需要，沿途设计了五座休闲广场，即音乐喷泉广场、灯塔广场、冲浪广场、码头广场、海之韵广场。这五个广场亦是五处风景，各有韵味，各具风采。

海之韵广场约40万平方米，广场上耸立着各种雕塑，栩栩如生，如梦如幻，俨然一座雕塑的展览馆。

在码头广场和冲浪广场上，凭海临风，那飞腾的朵朵浪花，那游弋穿梭的游艇，让人充分感受到海滨城市的浪漫与激情。

C 绮丽秀美的景区

南部海滨风景区

东起大连港，西至凌水河口，海岸线长30余公里，海、陆保护区面积60余平方公里，是国家级重点风景名胜区。

景区依山傍海，岩岸陡峻，礁岛众多，林木葱郁，绿草如茵。碧海、蓝天、青山、绿岛、黄沙、黑礁、白帆、木色栈桥、红瓦别墅、烂漫山花，构成一幅美丽的画卷。

黄海水域辽阔，烟波浩渺，水天一色。放眼望去，三山岛、棒棰岛、星石矶等错落有致。区域内的近海水深一般5—35米，潮差在2米左右，水质透明清澈，波平浪稳。

滨海路

滨海路是大连最亮丽的一道风景线，它位于大连南部海滨风景区的山海之间，全长35公里，平均宽7米，将南部海滨八大景区48个景点连为一体，是一条著名的滨海景观路。

滨海路宛如缀着宝石的飘带，蜿蜒盘绕，穿行于绿树和碧海之间。沿着这条公路游览，只见一边是葱翠欲滴的山峦，一边是碧波荡漾的海面，游人左顾右盼，可兼得观山看海之乐趣。特别是那片海，犹如镜子般地映照着天的色调。放眼望去，海天相连，境界空旷，气魄宏大，海中的礁石和岛屿亦千姿百态，俱含画意。而海风吹送的爽意与山野的清新气息交汇，更使游人胸臆大开。

倘若把滨海路喻作一条飘逸的带子，那么在这条飘带上则缀着一颗颗晶莹闪亮的宝石，这些宝石就是分布在滨海路沿途上的一个个风景区和风景点。

按照一步一景的理念，在原有的海之韵公园、棒棰岛、老虎滩海洋公园、北大桥、燕窝岭婚庆公园、傅家庄公园、森林动物园、星海公园等风景区、风景点外，滨海路上又新建14处园林景观：金沙园、金银园、东山园、秀月园、沧海园、海洋园、蜗牛园、滨廊园、馨香园、玉兰园、趣园、旭日广场、华夏园、鳄鱼岛。沿途佳景迭出，犹如一幅优雅而雄浑的山水长卷依次展开，一景别于一景，景景有趣，多景观、多色彩，构成“滨海花园＋木栈道漫步”体系。行走山海间，身心舒爽自由，宛如人间仙境，宠辱皆忘。

滨海路的木栈道全长21公里，最宽处

17.18米，最窄处0.85米，沿途设11个景观台，修建落差68米，是世界最长的滨海木栈道，已载入世界吉尼斯纪录。

从滨海东路十八盘至棒棰岛宾馆，有1公里长的路面，颜色是与大海相同的蓝色，与两侧海底生物雕塑相衬，给人一种进入海底世界的感觉。面积1万平方米的水塔，冬季时浇水成冰，可供人们溜冰游戏。

金沙坪

位于大连南部海滨风景区中段，与傅家庄相邻，由银沙滩、金沙滩浴场及南大亭和附近的绿地组成，山水相间，环境优雅。景区内建有蒙古包旅游服务中心。

棒棰岛

位于大连市区东部海域，距岸边约600米，面积3.7平方公里，形似一支头须完整的老山参。人参在东北俗称“棒槌”，它因而得名。云雾缭绕中的棒棰岛如同海上仙境。站在岛上远望，大海浩茫，朝阳霁色，列岛隐现。回眸陆上，红墙碧瓦，错落有致，掩映在峰峦叠翠之中，疑是仙山琼阁，那便是著名的棒棰岛宾馆。

棒棰岛宾馆包括十几座富丽典雅的楼房，北、西、南三面环山，东临海滨。它始建于1958年，占地50多万平方米，建筑面积49万平方米，拥有俱乐部、康乐中心、海滨浴场、高尔夫球场、网球馆等，环境优雅，设施齐全，是接待各国贵宾和国家领导人的主要场所。

宾馆区东边的天然海水浴场，300米长的半月形沙滩，坡缓沙细。沙滩北面，依崖修造了一座二层的更衣室，二楼平台建有太阳能热水池，浴罢海澡，便可来此沐浴更衣。

敬爱的周恩来总理七次来大连，有三次住在这里。叶剑英同志1965年、1966年两次来大连视察，也在这里下榻，并写下著名的诗篇《远望》。

秀月峰

位于大连南部海滨风景区中部东端，老虎滩景区西侧，南与燕窝岭景区相邻，距市中心6公里。景区内有九座山峰，主峰秀月峰海拔214.3米，登峰眺望大海，一览城区景观。山间盆地有大片苹果园，景色秀美。

十八盘怪坡

位于棒棰岛与寺儿沟之间，长约60米，宽约4米，南高北低，呈倒“之”字形。每当有车经过这里，就会发生一种奇怪的现象：汽车不用驱动就能从坡底开到坡顶；如果是骑自行车则感觉更奇妙了，骑车人不用蹬脚踏板就可以驶向坡顶，反之下坡时则要用力蹬。

这种怪坡现象，在世界各地均有出现，其原因至今众说纷纭。研究者认为，有的是由人的视觉误差造成的，有的是受地磁的影响。

旅顺口风景区

旅顺口位于辽东半岛的最南端。山连水接，风光秀丽。这里有峥嵘突兀的礁石、海岛，有层峦叠嶂的群山，视野开阔，风光旖旎，自然与人文景观独具特色，是大连最大的风景区。

这里有著名的蛇岛、鸟岛、老铁山鸟站、黄渤海自然分界奇观等，均给人留下深刻的印象。这里的人文景观极其丰富。旅顺口是远东近代史上的一座名城，中日甲午战争、日俄战争都发生在这里。

这里至今还保留着大量的战争遗迹，随处可见当年的残炮碉堡和碑身塔影，更有万忠墓、日俄监狱等遗址，成为帝国主义残害中国人民的不可磨灭的罪证。游人来此参观，如同翻阅一部近代史。

小龙山

位于旅顺口西部的渤海沿岸，以邻近海域中的蛇岛、猪岛、海猫岛、虎平岛等为海上景点，与杨家套浴场、羊头洼港、大潮口等海岸风光相配合。

龙引泉

龙引泉是中国第一个城市给水工程，位于旅顺口水师营三八里村西，在鸡冠山景区内，泉水清澈甘甜，园内有一块刻有“龙引泉”的清代石碑。这里松柏参天，花草争芳斗艳，槐树成荫遮日，果树成林飘香，是一处游览胜地。

老铁山

位于旅顺口区南部，海拔466米，面海背城，气势雄浑，拥有壮观多彩的自然风光，广袤浓密的森林，既是候鸟迁徙的“鸟站”乐园，也是人们游览观光的好去处。

郭家村遗址

位于旅顺口铁山镇郭家村北大岭上，是一处新石器时代原始部落遗址，距今已有四五千年。出土了许多石斧、石铲、石刀、陶刀、石磨盘、石杵及骨针、渔网坠等工具，还有熊、豹、狼等猛兽和鸟类的骨骼，以及螺、蛤、牡蛎壳和各种鱼骨。

白玉山与古炮

白玉山屹立在旅顺口区中心，海拔125米，草木繁茂。沿着盘山游览路盘旋而上，登至山顶，可饱览旅顺港城全貌，城区街景尽收眼底。

在半山腰处，安放着一门古老的加农炮。它是1881年德国克虏伯工厂制造的，是原清军设置于老铁山的备炮。1908年，日本人于山南腰筑基，将炮放置于此。

东鸡冠山北堡垒

当年，沙俄在陆上构筑旅顺要塞，修建炮台和堡垒，东鸡冠山北堡垒是其中比较坚固的。这座工事是沙俄强抓中国民工用水泥和卵石灌制而成的，厚达1米至1.2米，内设上下两层通道，还有内壕、电网和水池等，设置了兵舍、仓库、指挥部、暗堡，周围是宽10米、深6米的护垒壕。当年堡垒上布设20多门炮，驻守俄军一个连。

1904年6月，日军从金州登陆后，攻打旅顺口。8月21日，日军冲进北堡垒护垒壕，俄军用机枪扫射，日军伤亡惨重。日军又从山下往山上挖坑道，俄军采取反坑道作业，相持两个多月。10月27日，俄军首先爆破，接着日军从东北角爆破数次，打开缺口。现在我们看到东北角的废墟就是当时留下的残址。12月15日，沙俄陆防司令康特拉琴柯少将到北堡垒召开军事会议。消息被日军获悉，日军便从北面团山子用重炮集中轰击北堡垒，康特拉琴柯等俄军军官被炸死。18日，日军坑道接近堡垒正面，装上炸药进行大爆破，俄军连夜逃走。

二〇三高地

二〇三高地（即猴石山）位于旅顺口城区西北部，是旅顺要塞背面防御体系中的制高点，也是日俄战争中旅顺争夺战的一个主要战场。

当时，日军对这个高地发动了多次猛烈进攻，甚至组成了敢死队攻击。守在山上的俄军西伯利亚第五团炮弹用尽，就以木头和石头等做武器拼命抵抗。日军连续7天猛攻不停，伤亡1万多人，于1904年12月6日占领了二〇三高地。日军占领高地后，立即架设重炮，向市区和港口猛烈轰击，把停在港内的沙俄三艘铁甲舰和其他舰艇全部击毁。

日俄战争结束后，双手沾满中国人民鲜血的日军指挥官乃木希典为了树碑立传，在山顶修了一个子弹形状的塔，并利用山的高度“二〇三”的谐音，把猴石山改名为“尔灵山”。

当年二〇三焦土遍野，今日猴石山一片葱绿，那座弹形塔则时刻提醒着人们勿忘国耻。

黄金山

黄金山屹立在旅顺港口东侧，1880年清政府曾在此修筑黄金山炮台。

1898年沙俄强租旅大后，为了长期霸占旅顺口，强抓中国民工，重修黄金山炮台，并在山前修筑电岩堡垒，设置主炮5门，备炮2门，并安装探照灯，用于夜里监视海面。晚上灯光打开，从海上看去仿佛岩石闪闪发光，“电岩”即由此得名。

1904年2月8日，东乡平八郎率日舰偷袭驻扎旅顺港的沙俄舰队，揭开了日俄战争的序幕。接着，广濑武夫率领日舰来到旅顺港外，自行炸沉军舰以堵塞港口航道，阻止俄舰出入。沙俄旅顺海军司令马卡洛夫率舰出海作战，在黄金山前海域触日军水雷，俄军旗舰被炸沉，马卡洛夫同600多名俄军葬身海底。

万忠墓

在旅顺港畔，有一座庄严肃穆的陵园，松柏叠翠，树木苍郁，亭殿门额横匾上“永矢不忘”四个字引人注目。这就是甲午战争殉难同胞的墓地——万忠墓。

1894年中日甲午战争爆发，日军在黄海偷袭清政府的运兵船后，又分兵两路侵入我国东北。日军在庄河县花园口登陆后，侵占金州、大连湾。11月18日开始向旅顺进犯，驻守旅顺的清朝官吏临阵脱逃，只有爱国将领徐邦道等人率领士兵，于土城子等地展开英勇顽强的阻击战，抗击侵略者。日军集中百门大炮轰击旅顺口，徐邦道所部终因寡不敌众而惨败。

日军闯进旅顺口，在城区进行了三天三夜的疯狂屠杀，上至白发苍苍的老人，下至襁褓中的婴儿，均遭杀戮，街巷血流成河，尸横遍地。秀丽的近代港城旅顺口，变成血染的人间地狱，我两万无辜同胞惨死在帝国主义屠刀下，幸存者只有36人。

1895年春，殉难同胞的尸体集中火化，骨灰埋葬在白玉山山麓，1896年树碑“万忠墓”。每逢清明，人们便纷纷前来祭扫。

万忠墓，历史的铁证。

日俄监狱

日本侵略者为了强化对大连人民的镇压与迫害，专门设置了旅顺刑务所（人称“旅顺大狱”）。它是在沙俄旅顺监狱的基础上进一步扩建和修筑的。这座戒备森严的法西斯监狱，是当时中国东北最大的一座监狱，共有牢房256间，此外还有暗牢4间，工厂15个，绞刑室1个（外面挂牌为“十六工厂”）。被日寇关押在这里的犯人中，有英勇不屈的共产党员、抗日爱国志士，还有许多被扣上所谓“政治犯”“思想犯”“经济犯”等等莫须有罪名的无辜老百姓。抗日战争前夕，这里关押了近两千人。

水师营会见所

位于东鸡冠山景区北部，是日俄战争结束时两个帝国主义列强进行肮脏交易的场所。

日俄战争中，旅顺要塞成为争夺的重点。经过近一年的交战，1905年1月1日，日军攻占了东线的制高点望台炮台，俄军无力再战，表示愿意就投降问题进行谈判。第二天，俄军和日军代表在水师营西街一处房子里举行了谈判，俄军代表在投降书上签字。1月5日，日本第三军司令乃木希典与俄军要塞司令斯特塞尔在水师营会见并合影。

肃亲王府

位于旅顺口区新华大街9号，是俄式二层建筑。占地2700余平方米，其中建筑用地470平方米。房子原为俄国人所建，日俄战争后为日本人所占。1912年2月，清朝遗老肃亲王由北京逃亡到旅顺，日本军方便将这栋楼房辟为肃亲王府。他在这里住了十年，1922年死去。

肃亲王为清太宗皇太极长子豪格的第十代直系子孙，在清政府内任民政部尚书、镶红旗汉军都统、军机大臣等要职。清朝灭亡后，他逆历史潮流而动，妄想复辟，并勾结日本人，鼓吹“满蒙独立”，皆以失败告终。

旅顺火车站

在旅顺口区白玉山下西南侧，有一座造型别致的俄罗斯风格木质建筑，它就是有一百多年历史的旅顺火车站。

1898年，沙俄强占旅大，着手扩建军港，铺设东清铁路。旅顺火车站是东清铁路支线的一个区段终到站，1903年正式运营，1907年由狭轨改为宽轨。这座百年老站，至今保存完好。

旅顺港

旅顺港位于白玉山南，地处黄、渤海要冲，与山东庙岛列岛、登州头共扼渤海海峡咽喉，地势险要，历来为军事要地。

旅顺港四周群山环抱，港口东有莫余山，西有老虎尾半岛，其间有狭长水道与外海相连，港内隐蔽性与防风性良好，为北方天然的不冻港，被称为“天然形胜”的良港。

光绪九年（1883年），清政府始造旅顺港口、船坞，到光绪十六年（1890年）全部竣工。

从1988年夏起，有关方面开辟海上游览和参观停泊在港内的“金州舰”等游览观光项目，吸引了大批国内外游客。

金石滩风景区

位于黄海沿岸，距大连市中心约50公里。陆地面积20平方公里，海岸线长达30公里，是一个由海、滩、礁、岛等组成的独具特色的海滨自然风景区，以地质景观见长，素有“地质博物馆”之称。这里有8公里长的海水浴场，6公里长的海岸风景带，奇礁异石层颜叠彩、巧夺天工，被称为“神力雕塑公园”，是国家级重点风景名胜区。

金石滩的地质现象在古生物学、地质学等方面有很高的研究价值。区内多种奇特海蚀造型地貌、蚀崖、溶沟、溶洞等，形态万千、玲珑剔透，形成一个天然的海滨雕塑园。皱岩断崖是褐色的，盆景般的礁石是粉红色或紫色的，而拥抱它的大海是碧绿色的。这里石

石有容，礁礁有貌。有的像海豹背子，有的像鳄鱼戏水，有的像乌龟潜凫，有的像海狮长啸，有的像河马沐浴……这一幅幅栩栩如生的立体画石，浑然构成“石兽登岸”的气势，令人惊叹。在“石兽登岸”东200米处，有一座面南背北的崖石，好像不屑与这些海兽相戏的大象一样傲然耸立，这就是象鼻山。

景区内有一块奇石，名曰“龟裂石”，长丈余，宽约四尺，斜立海面，上边是一块块巴掌大的多边形粉红色石面，好似翡翠镶嵌的红宝石铠甲，又似五光十色的玳瑁背甲。这是世界罕见的龟裂地质点，素有“天下第一石”的美誉。

发现王国

发现王国主题公园坐落在金石滩黄金海岸上。偌大的广场上有座美丽的中心喷泉，公园中心位置有一座湖，湖的中央是城堡。疯狂小镇，里面有疯狂剧场，可观看外国艺人表演的“疯狂夺宝”，有惊险的警匪对战，爆炸场面非常刺激。疯狂凌波舞，绝对是园中数一数二惊险的项目。神秘沙漠，展现出伊斯兰世界的异域风情，沙漠风景的刺激程度是园中顶级的。疯狂卡丁车则是个老少皆宜的项目。

金属工厂算是最惊险的了，其中疯狂眼镜蛇可谓是镇园之宝。太空梭能给人带来失重的体验，它高55米，站在下面，听到乘坐者的尖叫声，说明乘坐它绝对是胆量的挑战。魔法森林倡导一种自然的游历和历险的感觉，其中的亚马逊探险能让人体验漂流那种搏击自然的荡气回肠。

高尔夫俱乐部

金石高尔夫俱乐部拥有国际一流水准的高尔夫球场，名列世界第六。球场位于大连金石滩国家旅游度假区内，三面环海，一面依山，是国内罕有的海滨高尔夫球场。

这里有18个球道，其中9个是夜光球道。第七号球道是最富挑战的“天下第一道”，也称“魔鬼球道”。球场配套设施有会馆、高级别墅、直升机停机场等。

金石高尔夫俱乐部已加入中国、美国的高尔夫协会和世界旅游协会，并被国际奥委会指定为高尔夫赛亚洲区主赛场之一。

金石园

这里是风化海石积聚地，奇石林立，岩石形态千奇百怪，如龟似象，如鹿似犬，被人们称为“海蚀动物园”。据科学考证，这里的金石形成于距今6亿年前的震旦纪，为石英砂岩。长期的海进海退和潮起潮落，使得岩石差异风化而形成如今的面貌。全国人大常委会前副委员长王光英为公园题写了园名。

晶樱庄园

位于金石滩北部，占地15万平方米，是集观赏、采摘、休闲、餐饮、住宿于一体的旅游观光园。种植各种优质水果，其中有优质大樱桃万余株，还有大枣、桃、杏、李子等，同时还出售各种优质水果苗木。

黄金海岸

我国北方最大的海滨浴场，绵延4.5公里，宽100—200米，可同时容纳10万人。海滩之上还建有高杆广场灯，夜间这里便成为灯光

浴场。沿浴场有了一条高标准的海滩观光路，西起金石国际会议中心，东至金石高尔夫俱乐部，全长12.8公里。这里可进行沙滩摩托、沙滩排球、沙滩足球等运动，堪称“海上运动的大本营”。海滩篝火、烧烤、乘游艇、看野生海豚和巨型仿真鲸鱼等特色项目，为这里平添了几许神秘和浪漫。

金州风景区

以金州附近的大黑山为中心，包括龙王庙、大连开发区、大连新港（鲇鱼湾油港）等景区。该区以山光海色、古代寺庙及现代建筑为特色，尤其是古代人文景观久负盛名。被誉为金州八景的“斗率晨钟”“鲸台古吊”“龙岛归帆”“佛洞滴泉”“响水消夏”“朝阳霁雪”“南阁飞云”“山城桂月”等引人入胜。

大黑山

又名“大和尚山”，位于金州城东面，主峰海拔663米，被誉为“辽南第一山”。大黑山峰高险峻，植被繁茂，山中古迹甚多，是辽南著名的风景名胜区。

山中有座响水寺，自明代起便成为朝山敬香的佛教、道教圣地。响水寺建筑布局简洁和谐，小巧玲珑。进入山门大殿左侧山崖下，有一天然洞穴，深近42米，泉水自洞中涓涓流出，其声清脆如琴，故称“瑶琴洞”。泉水经寺院墙壁的青龙口中流出，由下面荷池中的“天蛙接浆”，其水白如雪，势如虹，声如瀑，未到寺院已先闻其声，故称“响水”。这自然景观还有其美妙的传说，为其蒙上了一层神幻虚缈的色彩，使人竟有“杳然天地非人间”的感觉。

山区东北的圣水寺也是一座历史悠久的古寺。还有卑沙城、朝阳寺、仙人桥、舍身崖、关门寨等，都有着悠久的历史背景和动人的传说。

龙王庙

位于金州城北的渤海沿岸，并以其丰富的地质景观而著称。这儿还有历史著名的金州八景中的“鲸台吊古”“龙岛归帆”以及镇妖石、老龙头、古佛洞等名胜古迹。

向应故居

位于金州新区向应街道大关家屯，金州城北的小黑山脚下。这是一座普通的北方农家院落，三间坐北朝南的草舍，一明两暗，墙壁是用拳头大小的石块砌成的，屋顶苫着土名叫“红眼疤”的山草。明间的东西两侧，分别是向应和父母的卧室。在向应当年睡过的东屋土炕上，铺着一爿苇席。古旧的八仙桌上摆着一本由他抄写的唐诗，字迹娟秀。墙上挂着向应少年时代的英俊照片。故居不远处有向应业绩陈列室，其中陈列有毛泽东、朱德在向应同志逝世时所提挽词，还有向应同志年表和200多件实物、照片等。

关向应故居纪念馆，为省级重点文物保护单位。1988年在金州区中心向应广场，集资建立了一座关向应青铜塑像，塑像底座上有毛泽东“忠心耿耿，为党为国，向应同志不死”的题词，国家前副主席王震为铜像剪彩。

大连新港

又称“鲇鱼湾港”，位于金州东南约25公里的大孤山东北麓的黄海岸边，是我国目前规模最大、水位最深的现代化油港。这里海域宽阔，航道畅通，水深浪小，不淤不冻，是少有的天然良港。港区雄伟壮观，风光旖旎，如一幅浓墨重彩的画卷。总长1070米的桁架钢桥，犹如一条巨龙。与栈桥相接的是420米长的原油码头，可同时停靠10万吨级和5万吨级的大型油轮。码头上高矗的7台自助输油臂，将大庆原油源源不断输入油轮，年输油量达1500万吨。岸边还有9层楼高的信号塔，小岛上也建有导航灯塔，日夜为进出港口的中外油轮导航。

冰峪沟风景区

位于庄河市城北40公里的仙人洞镇附近，距大连市内240公里。

这里呈现典型的熔岩峰林地貌，风光秀、幽、奇。中心景区面积有40余平方公里，引人入胜的景观达200处，自然景观与人文景观相得益彰，这在北方极为罕见，有“北国桂林”之誉。自然景观有龙华山、小峪河谷、英纳河谷，人文景观有龙华观、圣水寺、般若洞、洪真墓等，每个景点都有探玩赏幽之佳境。

这里有宋、明时期的庙宇遗址，至今保护完好。

这里峰峦叠嶂，峰峰有异态，处处呈奇观，平地而起，挺拔峻峭。诸多象形山，似人、似物、如禽、如兽，惟妙惟肖，栩栩如生，一步一景，步换景移，使人目不暇接。山中有峭壁深谷，亦有岩洞。最大的一处岩洞是龙华山天台峰前的般若洞。从山麓拾级而上，临近山顶，即见巨大的般若洞。相传有一位叫“洪真”的道士，在此

修炼并得道成仙，为此当地人又称般若洞为“仙人洞”。还有“望海观日台”，清晨在此，可见日跃黄海、云蒸霞蔚的壮观景象。

在沟谷深壑，河水曲绕回环，清澈洁净，呈现出美的韵律。踩踏着水中的石头而行，还真有点“步步为营”的味道呢。流水溢彩的泉、静影沉璧的潭、迸珠溅玉的瀑，构成一幅多姿多彩的山水画卷。还有明亮如镜的湖，把青山绿水倒映其中。船在水上走，似乎是在青山顶上行，船行景变，神奇梦幻。下了游艇，可骑马、坐轿，逆流而上，尽享心旷神怡之美。

这里有7万多亩自然保护林，是辽南地区最大的林场，生长着诸多珍奇的树木和动物。有百年树龄的赤松林，有第四纪冰川期遗留下来的活化石水杉，还有少见的三椏钓樟、天女木兰等。常出没于此的珍奇动物有水獭、金雕等。

冰峪沟四季皆佳景，春日杜鹃映霞，夏日峰壑雾海，秋季丹枫凝露，冬时雪野冰川。秀丽的山光水色，加上野舍畦畛散落其间，常使观光的游人乐而忘返。

仙人洞

位于冰峪沟附近的龙华山天台峰上，原名“般若洞”。相传曾有个洪真道人在这里羽化成仙，因此便改名“仙人洞”。明朝万历年间修造了上下庙，至今已历数百年。上庙为龙华观，下庙为万寿观。洞口高约10米，宽约5米，洞内呈坡状。上洞平均宽20余米，朝南有一洞口，恰似打开的天窗，叫“南天门”。洞南口西侧岩峰上，还有望海楼和石雕钟楼。

由仙人洞向东去，登高数十米，便是天台峰上的“天上天”。立足山巅，纵目远眺，近山远峰，浅滩深壑，尽收眼底。日出时，只见水云氤氲，蒸腾回旋，座座山峰如孤岛岩礁，漂浮于云海雪浪之中。日落时，云蒸霞蔚，绵绵群山溢金流彩，分外妖娆。

西郊风景区

位于大连市区西部，甘井子区红旗街道。

“天是蓝色的，高远；湖是绿色的，静谧；山色葱绿清幽。北依群峰叠嶂，南瞰碧水清波。”这是人们对西郊风景区的赞誉。

景区面积85平方公里，像个大公园，休闲广场十几个，徒步探索廊道20公里，木栈道40公里。有西山湖、棠梨湖两座大型景观湖，还有大面积原始森林、十里水景花街、金柳路景观带等景观，湖光山色，风景如画。这里是一处喧嚣闹市之中的净土和生态氧吧，田园与山水相得益彰，自然和人文和谐统一，勾勒出一幅都市之中的田园山水画卷。以休闲旅游为主的西城国际旅游商务区（RBD）与城市东部的中央商务区（CBD）东西呼应。

这里告别了城市工业化的污染，呼吸的是沁人心脾的新鲜空气；这里听不到城市繁华的喧嚣，闻到的是鸟语花香，看到的是青山绿草、白云蓝天，是绿色理念打造的城市后花园。

西郊国家森林公园

国家4A级旅游景区，面积达70平方公里。森林覆盖率83%，水域面积4平方公里，水系景观带30余公里。公园建设于2005年启动，红旗街道相继投入20多亿资金，高标准规划，精雕细刻绿色命题这篇文章。2006年12月，被林业部批准为国家森林公园。

“东北亚会客厅”

这里将建设“头脑型城区”，国际会议、旅游、体育赛事的重要承接地。2011年9月，大连西城国际旅游商务区、红旗谷国际俱乐

部，迎来首个大型国际会议“东北亚和平与发展论坛”。按照“东北亚会客厅”的整体布局规划，商务区还将建设“西城智慧谷”，包括会议核心区、媒体文化组团、综合商业组团和生态居住组团。开建大连第二个国宾馆，提供国际一流标准的政务服务、商务交流平台等。到“十二五”末，西郊旅游商务区的“东北亚会客厅”功能将基本具备。

十里水景花街

极具创意的设计，以水为卷，以路为轴，以花为色，以园为景，逶迤不断，连绵不绝。遍地鲜花争芳斗艳，满园姹紫嫣红，河水潺潺流淌，鱼儿嬉戏畅游，鸟儿俏立枝头，蝶儿翩翩起舞，清风徐徐，欢声笑语回荡林间。

金柳路景观带

金柳路景观带以其天人合一的生态、亲水的形象，成为继滨海路后又一个代表性景观大道，集原生态景观、名家书法碑刻、木质观光廊道、生态公园、休闲广场、观景露台等于一体的大连西郊观光走廊，还将打造滨水景观区，设计无人生态岛。

长海风景区

位于长海县诸岛。

在波涛万顷的黄海北部海域，由星罗棋布的110余个岛坨礁组成的长海县，是我国唯一的海岛县。陆地面积150余平方公里，海域面积3400余平方公里，与朝鲜半岛隔海相望。“网上鲜鱼跳，引逗鸥鸟叫，满海渔家闹”，这是长海渔乡的真实写照。长海县不仅水产丰富，渔业发达，而且风光旖旎，景色隽秀，是饶有韵致的风景地。

海上放灯

别具韵味的海岛风俗。每年元宵节，岛上的渔民要往海里放灯。那天，家家户户用高粱秸秆插成一只只精巧的小船，放入用豆面蒸制的一条带有花纹的小龙，龙脊上抠一个小坑，里面装满豆油，插上一根棉花芯做灯。然后，把这盏油灯点着，轻轻放在海里任其漂流。灯越放越多，海面上无数龙灯竞走，如同天上的繁星明亮闪烁，甚是壮观。

如今，海岛渔民已不用豆面蒸灯，而是用带干电池的船灯了。

灯放后，如一群沸腾的流萤，又似一片闪烁的金星，在海面上跳跃、奔驰。船灯，载着渔家的欢乐和希望，漂向海湾，漂向远方。

明珠串门

大陆上的除夕之夜，家家挂彩灯，街上霓虹闪烁，一片火树银花。而海岛的除夕之夜，别有韵致。大王岛和寿龙岛之间的海面上，有一片明灯一样的光亮，映照海面，随浪漂浮，时间长达一两个小时。这种海发光的自然景观，无疑为新春佳节喜添亮丽迷人的色彩。

海上石林

在石城岛的银窝滩上，耸立着一片长1200米、宽300米的石林。石林之石形状各异，有的如仙人登岸，有的像蛤蟆扶牌，有的形同石笋。现有海蚀柱33个，石柱上有海浪淘蚀的各色洞穴，共81个，大小不一。此种奇特的礁群，在我国沿海也属罕见。

五彩佛光

在石城、海洋两个岛上，每当仲夏雨季，时常有“佛光”闪现。光呈五彩环状，辉映于远山之巅，色彩艳丽，美姿幻影，令人赞不绝口。

云海丽景

长山群岛海域，春夏之际便是云雾茫茫的多雨季节。每当雾云飘落，大雾笼罩海岛之时，岛上的乡村、建筑、楼阁等景物，皆如梦幻般时隐时现于雾海中。当雾欲散走之前，如有习习的微风和温煦的日照，雾又逐渐变成团状，浮动于山峦间或漂游于海上，千朵万絮，千姿百态，变幻莫测。海中岛坨，个个宛如扁舟在云雾中穿行，映现出云海艳姿。至此观云海丽景，真有“云海苍茫神欲醉，心潮入浪境”“天海相接竟着迷，身于搏风情”之感。

神秘的岩洞

群岛上岩洞颇多，多姿多彩：有的竖对天宇，洞里云飞雾罩；有的面对大海，洞中流水潺潺；有的洞洞连环相接，别有洞天。其中，有两条洞深邃难以见底，一个是广鹿岛老铁山的神仙洞，另一个是大王家岛老头山的悬空洞。洞中情况仍是谜团，至今难解。

D 浪漫迷人的海水浴场

傅家庄浴场

弯弓形海滩长约500米，水深10—20米，透明度可达3米以上。特点是：海阔滩陡，水深浪涌。有“黄金滩”的美誉。

水上娱乐设施有游船、摩托艇、水上自行车、钓鱼船等。岸上有彩色多用帐篷、组合式板房。沙丘上一片蒙古包，供游人食住。

星海浴场

海滩呈弓形，长达800余米，平均坡度12.2%，沙滩为沙砾卵石混合。星海浴场是市区内最大一处海滨浴场。特点是：沙滩松软，滩势平缓；海水平稳，波光粼粼。岸畔苍松葱郁，花团锦簇，水木清华，海风清幽。浴场设有更衣、淋浴、游船、钓鱼、摄影等娱乐服务设施。

星海湾浴场

大型人工海水浴场，位于星海广场南部海岸。海岸两端为岬角环抱，岸线自然弯曲，水域较浅，海底坡度较缓。东临马栏河，西濒海上乐园，其沙滩是由从北戴河运来的优质沙铺垫而成。浴场内建有贵宾服务楼、快餐店，东西两侧设有海水淋浴间和更衣室、卫生间。东部有儿童乐园，中部绿地内建有休闲广场、游览曲径，可供游客小憩。

棒棰岛浴场

位于棒棰岛景区南部，浴场沙滩岸线长750米，平均宽度25.6米，坡度10%，沙砾均匀，水质无污染，是中外闻名的大型天然浴场之一。浴场北侧山峦起伏，树木茂密，悬崖陡峭险峻，环境幽雅，景观秀丽。

从正面看，棒棰岛就像一头静卧在海面上的巨鲸。俯瞰此岛，又像一颗巨大的绿色宝石镶嵌在宽阔的海面上。岛上土质肥沃，草木茂盛，有各种海鸟栖息。岛周围海水清澈见底。水中生长着各种贝类及其他海生软体动物。有宝塔形的海螺，还有闪着珠光宝气的鲍鱼、扇贝、海红、海参等，一应俱全。岛上风光迷人，在宽阔的海面上有此岛点缀，构成了一幅天造地设的山水画。

棒棰岛是休养度假的理想之所。由于20世纪五六十年代，中央的一些会议经常在大连召开，中央领导和外国元首也不断到大连检查工作或慰问，大连市于1958年在这里建成了一座宾馆。当时建有主楼一座（9号楼）、别墅七座和用于大型会议的俱乐部一座（8号楼）。

周恩来、朱德、刘少奇、叶剑英、邓小平和江泽民、胡锦涛等领导同志也在这里住过。周总理每次来都住在3号楼。邓小平也多次来此住过，并在大海中畅游。

棒棰岛景区婀娜多姿的海岸地貌又构成了供人游览观光的主要旅游资源之一。其北部海蚀崖附近地质构造现象十分丰富。状似半个圆体海蚀崖伸向大海，其形态完美典型。

棒棰岛浴场是由两岬角形的一个巨大海湾，沙白滩平，海水清澈。再加上帆影点缀以及远洋船只停泊在附近海域的锚地，宛如一幅色彩清淡的山水画，极富有诗意。

石槽浴场

位于中山区石槽村景区，沙滩岸线长220米，平均宽度22.5米，坡度10.5%，水质较清。沿岸腹地丘陵起伏，并有大片草坡，10余户渔民居住于此。置身其中，可感受到海滨渔村的独特风格。

夏家河子浴场

呈新月状海滩，1公里多长，离岸十几米水方漫过腰际，百米有余水面才到颈下。特点是：滩长，广阔平坦；水浅，风平浪静。岸上一色沙滩，沙粒细匀。这里是初学游泳者、老人和儿童的最佳浴场。

金石滩浴场

天然海滨浴场，位于金石滩风景区，沙滩平缓细软，绵延4公里而不间断，赤脚踏上去舒适宜人。这里海面宽阔，海水洁净。凉水湾是这一带的大浴场，此外还有若干处隐于礁石丛中的小浴场，这些浴场似有琼湖瑶池之妙。

这里还是一个优良的垂钓场所，有的地方上钩率达每小时6次之多，可与美国加利福尼亚媲美。距岸4公里处有一小岛，名叫“三辆车”，据说在此一人一次捕获的鱼和海珍品可装满三辆马车。偎依着这个小岛的礁石，被人们称为“渔家乐”。

黄金山浴场

位于旅顺口的黄金山下，海滩长达600余米。特点是：海域广阔，滩平水清，浪激沙石，银花飞溅。拥有标准游泳池、跳台和餐厅楼等服务设施。

杨家套浴场

位于旅顺小龙山景区海岸线上天然浴场之一，海湾长度为2公里，这里波平浪静，海水清澈，海湾沙滩平缓，海底细沙匀细，海滩卵石规整，海水无污染。

北海浴场

位于长海县大长山岛中部北岸，集海浴、娱乐、美食和疗养为一体。海滩长达1000多米，铺满卵石和金色沙砾，洁净而软硬适中；海水清澈湛蓝，无杂质、无污染，底质平坦，无海流。两条浴场公路与主干公路相通，交通方便。

仙浴湾浴场

位于瓦房店市胜利乡，距大连市区60公里。拥有可浴海岸4公里，浴场滩涂平坦，水质洁净，沙细坡缓，可容纳5万游客。水中含有多种人体所需的微量元素，主要以氯化钠为主，浴后对皮肤具有一定的消炎杀菌作用。海沙主要成分是二氧化硅，质细均匀，不含粉黏土，特别适宜于沙浴，对增强人体血液循环和新陈代谢，治疗关节炎和腰痛等有一定疗效。国家旅游局和辽宁地质所认定，仙浴湾的沙、水、景不仅独具特色，而且水洁沙优，堪称全国之最，是集海浴、沙浴、旅游、度假为一体的游乐胜地。

E 舒适惬意的度假胜地

大黑石

位于甘井子区营城子镇西部，距市中心30公里。三面环山，一面临海，海边黑褐色礁石林立，“大黑石”之名由此而来。这里有3.5公里长的黄金海岸线，160多处自然和人工景观。月亮湾海水浴场水质清澈、滩缓沙细，是游泳的好去处，老少妇皆宜。

三山岛

位于中山区东部沿海，距陆地6.71海里，由大山岛、二山岛、三山岛3个岛屿组成。面积3.32平方公里，海岸线长40公里。这里海水清澈见底，浪平水缓。岸上沙滩、礁石、岩壁错落有致，风光无限。海中鱼、虾、蟹、海参、海蜇、海葵、海胆等海洋生物极其丰富。

三山岛旅游项目很多，有“海鲜美食节”“钓鱼节”“沙滩T型台泳装表演”“露天沙滩晚会”以及每日的“健康小姐”“健康先生”“水上拖伞比赛”等活动。

仙浴湾

有“东北明珠”之誉，位于瓦房店市西部仙浴湾镇，面积45平方公里。这里有保存较好的隋朝古城羊官堡、水质和沙滩极佳的浴美人浴场、有“海上明珠”之誉的情人岛、辽南最大的十八罗汉庙观海寺、气势恢宏的情人雕塑、栩栩如生的九仙女雕塑、风光绚丽的“复州八景”之一“水泡荷风”等景点。

长兴岛

长兴岛四面环海，总面积255.5平方公里，东面与陆地一桥相连，是中国第五大岛。

这里海岸线曲折漫长，岬角和海湾相间分布，海水浴场沙优水碧，海岛风景秀丽多姿，人称“海上公园”，现已形成98处度假村和别墅群，可同时接纳游客3万多人。

海拔328.7米的横山横卧渤海之滨，“横山远眺”与“龙口甘泉”被誉为“复州八景”之一。万米长城将西海岸线辟出25平方公里的原始森林，成为休闲旅游的好去处。

蛤蜊岛

位于庄河市南7.5公里，东西长1.5公里，南北宽0.5公里，由一条长1.7公里的拦海大坝把小岛和陆地连为一体。岛上灌木丛生，藤蔓交错，花草茂盛，海鸟云集。四周有无数的海滩，细沙洁白柔软，海水清澈。山崖下有天然淡水泉，水质清凉甘甜，可供饮用和海浴后冲洗。环岛海域盛产鱼、虾、蟹等，特别是贝类，味道鲜、品种全，被誉为“世界蚬库”。游人可在此观光休闲，领略海岛风情的同时，还可品尝海鲜，享受大海的恩赐。

步云山

位于庄河市西北46公里处，西北有海拔1130米的辽南第一峰步云山，东北有海拔1080米的辽南第二峰老黑山，两峰巍峨挺拔，遥相对峙，山势险峻，层峦叠嶂，树木茂密，景观奇特。

老黑山上生长着5000亩原始的青冈栎西橡林，还有“辽南一绝”大叶沟冰育荷叶。这里地下热水资源丰富，已查明的两处地热田，日出热水4000余吨，水温可达55℃，含有26种对人体有益的微量元素。奇特的山川地貌，秀美的自然风光，茂密的森林植被，丰富的地热资源，使步云山成为集游览、度假、疗养、娱乐为一体的温泉疗养区。

碧流河水库

位于普兰店、庄河、盖州交界处，在普兰店双塔镇内，距普兰店市中心120公里。

碧流河水库是东北地区大型水库之一，集水面积2085平方公里，最大库容9.34亿立方米，年发电量2200万度，年捕捞商品鱼80万公斤，是一座以供水为主，兼有防洪、发电、灌溉、养鱼等综合效益的大型水利枢纽工程。

水库四面环山，风光旖旎，景色宜人，犹如一幅秀美的山水彩色画卷。

安波温泉

位于普兰店市安波镇，距大连市中心150公里，被誉为“亚洲第一温泉”。

安波温泉水无色透明，微具硫化氢味，最高水温75℃，含可溶性硅酸，水质属重碳酸、硫酸根钠型。泉水中含有100多种对人体有益的物质，对各种慢性风湿及类风湿关节炎、神经痛、外伤后遗症、增生性骨关节病及多种皮肤病等有明显疗效。

目前这里已建有60多家宾馆酒店、娱乐中心、疗养院、招待所。大中型游泳馆4个，室外露天大型游泳池1个。这里的空气中负离子比市区高7—10倍，适于休养生息。

老铁山温泉

位于旅顺口老铁山的将军山前，黄、渤海交界处，三面环海，环境优雅静谧。老铁山温泉健康休闲村设日式室内外大浴场、榻榻米客房、中国传统火炕包间及豪华温泉别墅等，共五处浴场。独具特色的农家菜、庭院烧烤等，带来亲切的生活气息。

经有关部门鉴定，老铁山温泉是难得的无需处理即可直接饮用的温泉，被誉为“温泉白兰地”，温泉水煮鱼味道鲜美，温泉水煮饭清甜可口。

营城子民俗文化村

位于大连至旅顺北路中段，距市中心25公里，主要景点为唐代永光寺和营城子民俗博物馆。

唐代永光寺有1300余年历史，是市级重点文物保护单位，拥有18座主体建筑，三个古建筑群。东院是道教区，中院是历史古迹保护区，西院是佛教活动区。

营城子民俗博物馆展出珍贵历史民俗文化物品1500余件，历史老照片200幅，从人类生存的衣食住行入手，展示了营城子地区5000余年的民俗文化。

林海滑雪场

位于大连市甘井子区营城子镇南沟村，占地50余万平方米，这是一个以冬季滑雪为主，以春季踏青宿营、夏季滑草滑翔、秋季采撷为辅的户外运动乐园。

成园温泉山庄

位于大连西郊，占地40多万平方米，环绕山林近50万平方米，是集餐饮、娱乐、会议于一体的三星级酒店。其最大特色是这里独特的温泉水和矿泉水。该山庄的饮用水，均是取自地下410米的天然复合型矿泉水。游泳馆的水取自地下3020米，是7亿年前深藏在地下的温泉，水中富含钙、锌、镁等人体必需的多种微量元素和矿物质。

山庄绿树环抱，清泉碧水，景似天成，如诗如画。

三兹和休闲农庄

地处甘井子区凌水镇刘家村，距市中心20公里，占地面积500亩。农庄有果树一千余棵，观赏树一万余株，饲养鸡、鹅、兔、羊、猪等家禽，集昆虫科普和餐饮娱乐服务于一身，可称为大连一绝。有池塘、泳池供游人垂钓、游泳，有蝴蝶餐厅可同时接纳200余人就餐。室外建有纳凉大棚、户外健身娱乐场地等。豆腐坊、酿酒坊等可供中小学生进行学农活动和夏令营活动。农庄内还可进行篝火晚会、登山、深山搜宝、野外生存训练等活动。

金石狩猎场

位于金石滩旅游度假区西部半岛，集狩猎、餐饮、娱乐、休闲功能为一体。有按国际标准设计的飞碟射击场、活动靶场、小口径射击场、弓弩发射场、游艺机关汽炮射击场和模拟战场气氛设计的彩弹对抗射击场等。原木、枯草凉棚、青石铺就的羊肠小道、残石砌成的猎战堡垒、代表玛雅文化的图腾柱及索道吊桥、卦式篝火台等，无不透露出古朴、自然和野性的风格。依山而建的木质结构综合服务楼造型别致，充满自然风情。楼内陈列着古枪、军刀及栩栩如生的动植物标本，展现了神秘、刺激、原始、冒险的狩猎文化。

金石高尔夫球场

位于金石滩旅游度假区西部，背山面海，草皮质量一流，打球花费不多，可称得上“平民价格，贵族享受”。球场还设有练习场，15元10球，供初学者练习。球场跨越海沟，增加了击球难度。旅游旺季时，开展“一杆进洞奖”及“家庭高尔夫大赛”等项目，更增添了打球的乐趣。

阿尔滨水上乐园

位于沈大高速公路金州新区出口处，是阿尔滨金山宾馆的室内

娱乐场所。内设造浪池、环城流河、儿童池等5个戏水池和14条功能各异的水上滑道，有可供400人吃住的四星级宾馆客房、海之韵洗浴室、KTV、RTV、保龄球馆、健身房、旱冰场、射击馆、室内高尔夫等休闲健身项目，餐厅有正宗法式大菜、纯正日本料理、朝鲜烧烤、京鲁川粤等南北名菜。

夏丽国际高尔夫俱乐部

位于旅顺北路上美丽的夏家河子海滨，占地90万平方米，是18洞72杆的国际标准高尔夫球场。球场最大的特点在于它有两个果岭的球道，苏格兰林克斯风格。球道宽广开阔，朝向大海。这里是东北地区唯一冬季不封场的高尔夫球场。

千年古莲园

沉睡近千年的古莲子，竟然在普兰店市泡子乡开了花，这真是件令人惊喜的事。1962年，郭沫若参观千年古莲后，欣然命笔赋诗。

古莲园占地面积450亩，水域面积近200亩。1980年，大连市把十几颗古莲子作为礼物赠给了与大连结为友好城市的日本北九州市。1983年6月6日，其中一株古莲竟开了三个花苞，一时成为北九州市的特大新闻。

古莲子被辽宁省政府定为全省唯一奇特的旅游产品，古莲园是集赏莲、垂钓、娱乐、休闲、度假为一体的旅游风景区。

E 情趣盎然的特种旅游

赶海

朋友，您赶过海吗？赶海是一件很有乐趣的事，不但能猎获到丰美的海物，还能使我们精神快乐，增长不少有趣的知识。下面就向朋友们介绍一些经验，你们有时间不妨也去赶赶海。

巧挖海肠

海水退潮后，在有细沙的海滩上，便出现无数个铜钱大小的孔洞，用锹一挖，就会挖出个形状、大小都像胡萝卜似的肉乎乎的东西，它就是大连人所说的“海肠子”。用海肠炒鸡蛋、下面条，味道鲜美可口，营养丰富。

挖海肠子得巧挖，不是每个孔都有的，许多小孔都是空的。只有那些往出冒水泡的小孔才有海肠子，有的小孔还露着它的头。

挖海肠子动作得快，对准小孔后，锹要迅速挖下，不等它缩走，就把它连沙子一起挖出来扣到海滩上。这样没有洞它就跑不掉了，只能乖乖被擒。如果用锹慢慢挖下，海肠子被惊动后，会立时缩得无影无踪，再挖几锹也找不到它的。

智捉螃蟹

海水退潮后，螃蟹一般都躲藏在石头底下，如翻动石头，便会看见螃蟹从石头底下爬出。但螃蟹可不是好捉的，如赤手去抓，它会立刻用两只螯把你的手死死钳住不放，尖利的螯像铁钳子。所以，捉螃蟹时要戴上皮手套，或者用粗铁丝弯个钳子夹。捉螃蟹最好的办法是“引蟹出洞”：把一只空手套伸到岩石底下试探，螃蟹被触动后以为是来抓它，两只螯立刻就把手套死死钳住。这时把空手套往外一拽，一只大螃蟹也就跟着被拽出来了，顺利地放进筐里。而后，把拇指和中指绷起来，在蟹盖上“叭、叭”弹几下，那螃蟹立刻像触电似的把“铁钳”松开，丢下手套。这种智捉螃蟹的办法，既不用费力搬石头，又夹不着手，可谓妙招。

趣钓海螺

大家都知道，钓鱼要用钩，可是钓海螺却不用钩，而是用铁丝筐。其方法和钓鱼大不相同，颇为有趣。

事先用铁丝编些海螺筐，在每个筐上面缠两段交叉的铁丝，把一块有味的羊肉绑在铁丝上。在晚上涨潮时，用绳子把海螺筐放沉到海底，绳子的这头系个飘浮物浮在海面上。而后，你就可以安心回去休息，待翌日早上退潮时，你来拿海螺就行了，一般一个海螺筐，一夜工夫能钓七八公斤海螺。

海螺怎么会自动跑到海螺筐中来呢？要揭开这个谜，必须知道海螺的生活习性。海螺生活在海底的泥沙和礁石上，它喜欢静，爱夜晚活动。夜晚当海螺闻到羊肉味后，都争先恐后地纷纷赶来贴在羊肉上，海螺没有嘴，它们用屁股吸食，吃得很慢很慢。海螺们吃一宿饱了以后，就躺在海螺筐里酣然大睡起来。头一天晚上放筐，第二天早上起筐，熟睡中的海螺们就乖乖地做了俘虏。

妙逮蝼蛄虾

蝼蛄虾的外形与农田里的害虫蝼蛄颇为相似，也掘穴而居。在大连，人们都习惯叫它“虾爬子”。怎么逮蝼蛄虾呢？这有个妙法。蝼蛄虾居住的洞穴在潮汐线下，颇容易辨认找到。要逮它可以用锹挖洞，但妙法是“钓”。钓具很怪，不是钩而是羊毫毛笔。海水落潮时，来到海滩上，看准蝼蛄虾洞，把毛笔轻轻插进洞里，虾嫌它有膻味，便用双螯向外推。此时，你顺着它的推力，慢慢往上提笔，待毛笔头接近洞口，要手疾眼快，以敏捷的动作捏住笔头和虾螯，往上一提，就把它“钓”上来了。逮虾的行家，可同时在十来个虾洞下手，一潮怎么也能逮个上百只。

侦擒海老鼠

地上有土老鼠，海中有海老鼠，它身体圆溜溜的，后面还拖着条小尾巴，真像个老鼠，其实它属于海参家族。把它切成小片炖酸菜，汤色乳白，味鲜可口，用大连话说：海老鼠“好歹”（好吃），若“歹”（吃）起它来，就是割耳朵都不知道。

这么好吃的海鲜，人们当然能想出捉它的办法。海老鼠的穴与海肠子一样，不同的是，海肠子只有一个洞口，而海老鼠有两个洞口，洞是“U”形的。冬至后，大风天潮退得特别大，平常被海水屏藏的海肠子、海老鼠洞口，这时便暴露在光天化日之下。此时，你可以用一把锹，在一个洞口不断拍击洞内积水，倘若是海老鼠洞，它在洞内受惊，即会急匆匆地从另一个洞口往出爬，欲逃之夭夭。不料，它刚爬出洞来，便束手就擒，被“捉拿归案”了。

趣钓

“钓鱼比吃鱼香”，这话不假，钓鱼委实是一项颇有乐趣的活动。在大连，钓鱼的方法有很多。

垂钓

按常规，一般都是坐在岸上钓，但收益不大。如果乘船至深水处流动着垂钓，常会满载而归。

垂钓方法很简单，一人划船，一人或几个人，每人拿一根长渔线，线头上缠个铅块，拴上几把鱼钩，放好鱼饵，而后垂直放入海中。船一面往前缓慢行驶，你一面不停地住上提线，待提线时感到发沉，就迅速把线全部拽到船上，这样就会有一条活蹦乱跳的大鱼呈现在你的眼前。鱼多时线一放到海里就是一条，这样一条接一条，会使你忙得不亦乐乎。

灯钓

白天能钓鱼，晚间就不可以吗？实际上完全可以，这种钓法就是灯钓。

用一根白色的细电线，岸上这头接上几节电池，另一头安上个手电筒用的小灯泡，灯泡旁拴上鱼钩，放上海蛆，用渔竿把它放到海中。鱼儿见到亮光纷纷聚来，看到海蛆就是一口，这时你提线吧，保准是条大鱼。

另外，还可提着瓦斯灯，站在海边的浅水里，把拴有鱼钩的线在灯光下放入水里。用不多久，成群结队的鱼儿就会像赶庙会似的奔灯光而来上钩。

甩线钓

钓鱼非得用鱼饵吗？否，有一个不用鱼饵的钓法。

把银粉和着亮油刷在子弹头上，在子弹头上焊个鱼钩，接上尼龙线。站在岸边，像抛手榴弹似的把子弹头甩到海里。然后，再慢慢往回提拽鱼线，这会儿，银白色的子弹头就像一条小鱼在游动。贪嘴的大鱼见了格外眼红，以为是它的佳肴小银鱼，张开大嘴就把小银鱼吞下，它万万没料到自己上了圈套，反而成了人们饭桌上下酒的佳肴。

“放船”钓

玩具历来是小孩喜欢的东西，但是大人也可以用它来玩，这就是用玩具小船钓鱼“玩”。

用几块小薄片做个玩具似的小船，放上帆，再接上根300多米长的渔线，在渔线上每隔一尺左右系个鱼钩。在有风天，把玩具小船住海中一放，风帆鼓起，船儿随风飘至远处，你把线头往树上一系就走吧，等满潮时就可以回来收线了。一天两次潮水，退潮时还可以再收一次。为什么偏要这时收线？因为涨潮和退潮时，鱼儿特别多。

常言道：“放长线钓大鱼。”事实果然如此，采用“放船”钓，收线时会看到：一条条大鱼像被串好了似的拽上岸来。

循环钓

俗话说“大鱼吃小鱼，小鱼吃虾米”，我们用这个道理可以循环钓鱼。

第一循环钓，首先是钓“虾怪”（一种寄生虾）。这种“虾怪”爱往海螺壳里钻，所以需用空海螺壳。有了“虾怪”，便可进行第二循环钓，用“虾怪”作鱼饵钓小鱼。有了小鱼，再进行第三循环钓，用小鱼作鱼饵钓大鱼。夏秋两季，海里的小鱼特别多，大鱼常常在礁丛出没，寻机吞食小鱼，尤其是大黑鱼，更贪食小鱼。只要把渔线往水里一甩，转眼就会有条大鱼张开大口把钩上的小鱼吞下，于是便成就了钓鱼人。

成串钓

你看过鱼咬鱼的成串钓法吗？这是我亲眼目睹过的，说起来也很简单。

带鱼有个怪脾气，就是把它捕捉到船上时，如果它嘴里正咬着食物，临死前也要继续把食物吃下去而不肯放掉。根据带鱼这个怪脾气，人们便发明了一种成串钓法。在钓钩上放一条海带鱼，它一到水里就挣扎想跑掉，尾巴不停地摆动，这时水中别的带鱼发现了，便毫不迟疑地冲上去，用大嘴死死咬住不放。第二条带鱼在尾巴摆动时，又会被第三条带鱼咬住，结果都被人拉上来。这样，往往一下子就可以成串地拖上三四条带鱼，你说妙不妙。

水枪钓

金枪鱼最喜欢吃沙丁鱼和鳀鱼。钓金枪鱼时，可用特制的水枪喷射水流，发出“哗啦、哗啦”的声音，这种声响恰好似沙丁鱼群发出的声音。与此同时，再抛下几条活鳀鱼，金枪鱼听到了声音，就会纷纷赶来，忘乎所以地抢食鳀鱼。此时，在鱼钩上放上小鳀鱼，混在抛下海的鳀鱼中，金枪鱼见鱼就食，很快便会上钩。等它们把钩咬牢后，可借金枪鱼向上蹿的冲力和渔竿的弹力，把这些庞大的“海鸡子”（金枪鱼的别名）拉到船上。这也叫以小鱼换大鱼。

潜水

在大连老虎滩海洋公园的水下世界和星海公园的圣亚海洋世界，均有潜水表演。看罢，有的游客也想穿戴上潜水工具，身临其境亲自潜水一次，做个两栖人，观赏一下奇妙的海底世界。这并非异想天开，旅游部门已开设此项服务，备好现代化潜水工具，供游客潜水到海底观光旅游和捕捉海珍品。

冬泳

海上游泳，绝非只限于盛夏季节，隆冬时节也可进行。冬泳，已成为大连冬季的一个旅游项目。它既可以增强体质，锻炼意志，也可陶冶情操，委实是冬天里一项很“酷”的体育活动。

溜冰

大连有不少的人工湖在冬季可作为溜冰场所，如儿童公园的明泽湖。如感兴趣的话，不妨去学学溜冰，虽然摔跤是难免的，但是，既锻炼了身体，又可从中感受乐趣，真好玩。

浴疗

大连是山秀水媚、风光绮丽的旅游城市，也是静谧幽雅、赏心悦目的疗养胜地。碧波荡漾的大海，温暖明媚的阳光，清新凉爽的空气，绵长洁净的沙滩，皆宜于度假疗养。在大连，可享受丰富多彩的浴疗。

海水浴

利用海水、海藻和海滩淤泥进行海水浴。在清风习习的海边，在海水池中入浴，或采用喷气浴按摩，或将全身埋在海藻中照射紫外线，这些疗法对某些疾病有一定的治疗效果。

海水浴的作用有三大优越性，是使用药剂所无法做到的：一是清凉的海水能刺激身体增强自主神经系统和循环系统的功能；二是海中的水流和浪涛对肌肉的按摩，能使皮肤和肌肉的弹性得到改善；三是海洋藻类植物的杀菌作用，益于身体健康。因而海水浴成了到大连旅游疗养所必不可少的活动。

海水浴有局部和全身两种，局部浴是用海水洗脸、洗手、洗脚等；全身浴就是把身体全泡在海水中，或用海水擦澡，或在海水中游泳。进行海水浴时要注意，气温低于22℃时，一般身体虚弱的人，不宜长时间泡在海水中，可改为局部浴。时间少则不低于10分钟，多则不超过2小时为宜，这要视每次个人的身体状况而定。初次海水浴，应始于夏季。海水浴治疗的疾病有高血压、皮肤病（如湿疹、过敏性皮炎、银屑病、疖病）等。

日光浴

大连气温适宜，阳光温柔明媚，因而最适于日光浴。日光浴即赤裸着身子，在日光下照射，以促进新陈代谢，增强抵抗疾病的能力，保持身体健康。它主要是利用紫外线的作用，对高血压等病症有一定疗效，也能促进食欲、改善睡眠、预防软骨病等。

日光浴要注意的事项：因只穿短裤和背心，为避免阳光直射暴晒头部，防止日射病，要戴上遮阳帽；为保护眼睛，要戴上墨镜。要先俯卧，后左侧卧、仰卧、右侧卧。浴后不要立即洗澡，先在阴凉处饮茶休息一会儿。另外，日光浴会使基础代谢旺盛，因而甲状腺功能亢进的病人不可去暴晒；患有心血管疾病、出血倾向的慢性病人，妇女经期和分娩后，均不能日光浴。再有，饭前饭后一小时内也不宜日光浴，因为饭前空腹时血糖低，易发生头晕等不良反应；饭后马上照晒，皮肤血管扩张，内脏血液流入，会影响消化。

空气浴

空气浴是一种利用空气锻炼身体的方法，较为简单：在早上空气清新时，在室外活动锻炼，开始可慢步做深呼吸运动，而后逐渐开始慢跑，但开始时不要慢跑，因为一运动便会增加身体热量，而失去空气浴的意义。另外，也可卧于躺椅上或坐在树荫下作深呼吸锻炼。体质好的，在低于25℃的气温下空气浴为宜；体质弱的，心脏病、关节炎患者，空气浴时的气温不可低于22℃。

空气浴的原理是让低于体温的环境气候对人体产生一个“寒冷刺激”。通过反复刺激，能通过神经反射机制，增强机体的产热过程，使机体能迅速地适应和抵御外界气温的剧烈变化。另外，大连海滨空气中含有较多的阴离子、溴、碘、氯离子及较高的氧含量，空气很清爽，能治疗一些慢性疾病。空气浴时间因人而异，少则20分钟，多则2小时。

温泉浴

近几年，温泉浴颇为流行。从物理作用看，泉水的温度能使毛细血管扩张，促进血液循环，而水的浮力和压力作用，能起到按摩、收敛、消肿、止痛的功能。从化学作用看，泉水中含有一些特殊化学成分，如钾、钙，能增强心血管功能，调节神经细胞和内分泌活动；镁对神经系统具有镇静功效；钠对肌肉有加强收缩作用；碘、镁可适当起到降压作用。温泉浴还能增强机体的免疫功能和调解自主神经系统的功能。

野炊

在城市里居住的人，去饭店吃饭习以为常，不以为乐。想换个饮食方式和品味吗？那就去野炊吧。

在海边支锅烹调刚钓上的活鱼或赶海的战利品，就着饮料、啤酒及面包美餐一顿，真是其乐无穷。

旅游部门为钓鱼或赶海爱好者准备了渔具、潜水衣和船，以及野炊用的锅和调料等必需品。想野炊的游客，不妨尝试一下野炊的乐趣。

坐有轨电车

走出大连火车站，向南穿过站前广场，就会在街头遇见缓缓行驶过来的有轨电车。坐进木制的电车车厢，握着身边的铜把手，在一片咣当咣当的行进声中，会有种时光交错的感觉，仿佛回到上世纪初的大连街。

有轨电车是19世纪末美国人发明的，当时风行世界。而现在，它在世界各地几乎绝迹。在中国，唯有大连这座城市特意保留了这一“古老”的交通工具，有两条线路仍

在运行：沙河口火车站至华乐街，兴工街至小平岛。不过，第二条线路已换装成了全新的现代化电车，并且即将建成并开通小平岛至旅顺的延伸线路。

大连市的有轨电车始于1906年，迄今已有百余年历史。20世纪90年代初，大连对有轨电车实施改造，车体改造成流线型的现代化电车。老式电车时速为15公里，而新车时速达60公里。

另外，非大连独有的古典式无轨电车（也称“大辫子车”），也是滨城街头一道引人怀旧的风景。仅有一条路线，即大连火车站至马栏广场，全长约15公里。

大连火车站经开发区至金石滩的轻轨电车，则体现了大连的现代与时尚。这条线路全长50公里，是全封闭的快速轨道交通系统，旅游旺季每隔几分钟便会发一趟车。运行中的轻轨电车平稳、安静、舒适，便捷准时，虽然途中需经停十几个站点，但跑完全程仅用50分钟。

骑自行车

医学研究表明，坚持骑自行车，可以使人健康长寿。如果骑自行车沿大连海滨漫游，游览大街小巷，去乡村体验田园风情，都是一件非常惬意的事情。在星海广场、金石滩风景区等旅游景点，都为自行车活动提供了方便，有单人骑、多人骑的自行车可供选用。倘若你压根不会骑自行车，那也不要紧，会有人教你现场学会。自行车既是交通工具，骑之又能锻炼身体，还能带来旅行情趣，何乐而不为呢。

乘马车

久居城里的人，很少有人见到过马车，更别说乘马车了。在星海广场等景区，便可有机会尝试一下乘坐马车的乐趣。你可选择乘坐秦、汉或明、清时代的古马车，也可乘坐欧洲中世纪的皇家马车，这比乘坐小轿车、公共汽车更有情趣。

乘游艇

老虎滩海洋公园、星海公园等许多海滨景区，都有乘游艇或快艇进行海上观光的项目，游客可体验乘风破浪遨游大海的刺激与畅快，也可从海上饱览岸上的风光。这项活动一向深受游客欢迎，但要注意安全。

观海冰

在我国只有渤海和黄海北部有海冰形成。与河冰、湖冰比较，海冰的结冰面积大，而且类型多样，形状多变，具有较高的旅游观赏价值。其类型有固定冰和流冰，有初生冰、饼冰、皮冰、板冰、薄冰、厚冰。其形状有冰针、油脂冰、粘冰、海绵冰、平整冰、重叠冰、堆积冰、冰丘、冰山等。海冰的景观无限美好，游人冬季可到庄河的海湾观看固定冰，到金州、普兰店的海湾观看流冰奇景。

民俗游

大连地区早在六七千年前便有了人类的足迹。现有汉、满、朝鲜、回等多民族居住，各民族都有各自独特的习俗、节日和民间艺术。因为靠海，这里的民俗还与海密切相关，如海灯会、海戏、海秧歌等，表现了粗犷和剽悍的北方风格及渔猎生活。金州龙舞驰名国内外，被誉为“中国第一龙”。

大连的民俗旅游有：到居民家做客，观看民俗表演，游览自由市场，参观民族村落等。

果园采摘

大连素有“苹果之乡”的美誉，盛产苹果、樱桃、桃、梨、葡萄等十几种水果。每年5月至11月间，各类水果相继成熟，源源上市。届时，果园开放，游人可以到果园里亲自采摘、选购尝鲜，还可以参加当地欢庆丰收的“苹果节”“樱桃节”。

逛庙会

每逢庙会的日子，人们便会从四面八方涌来，一派热闹非凡的景象。令人眼花缭乱的小摊上，摆放着村民自产自销的农副产品和手工艺品。大连地区的民间传统庙会主要有：

金州新区的胜永寺庙会，每年农历三月十六日开始；

普兰店市的清泉寺庙会，每年农历四月六日开始；

大连湾镇的狐仙庙庙会，每年农历四月十三日开始；

……

庙会一般为期三天。

每年农历正月十五即元宵节前后，大连地区都要举行灯会，城乡处处张灯结彩。在农村，家家户户在门口和庭院悬挂彩灯，海岛渔村则把形状似船的彩灯放于海面之上，任其随波漂流。在城市，要搞灯展和灯赛，多在公园举行。每年，大连市劳动公园都要举行一次盛大的灯展，观灯的市民潮水般拥至，一派吉祥喜庆的气氛。

灯会期间，大连城乡还举办丰富多彩的文娱活动，有舞狮子、耍龙灯、踩高跷、跑旱船、敲单鼓、扭秧歌……这些活动，更增添了节日的欢乐。

高铁地铁游

赴大连有高铁，逛大连有地铁。这既方便了旅游交通，又形成一道新的风景线。

哈尔滨至大连高速铁路是我国“四纵四横”客运专线网京哈高铁的重要组成部分，是世界上第一条投入运营的高寒地区高速铁路。哈大高铁纵贯辽宁、吉林、黑龙江三省，全线设23个车站，于2007年8月开工建设，2012年12月1日正式开通运营。

哈大高铁实行冬季和夏季两张列车运行图，分别按时速200公里和300公里两个速度等级开行动车组列车，同时实行与两个速度等级相对应的票价。哈尔滨到大连只需4个多小时，沈阳到大连只需2个多小时。

2013年下半年，大连到北京、天津的高铁亦开始运营，很快，大连至上海等地的高铁也将开通。高铁旅游将更加催热大连旅游市场。

大连地铁1、2号线2014年下半年将试运营。地铁1号线由河口至姚家，2号线由海之韵至大连北站。这两条地铁线纵贯南北、横贯东西，更加方便了游客在大连游览。

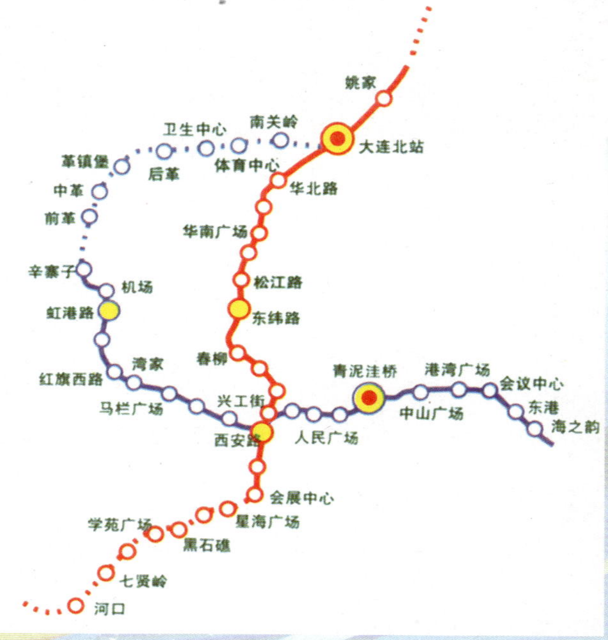

逛风情街

俄罗斯风情街，位于大连市中心胜利桥北侧，这儿有保存完好的38栋沙俄侵占大连时期所建的楼房，其中最有代表性的是原大连自然博物馆所在的建筑，已有百余年历史。1999年，市政府决定在保留原建筑风格的基础上进行修缮装修，使其成为独具欧洲风情的

特色街道。此街区规划面积5万平方米，设有旅游工艺品店、餐厅、夜总会、酒吧等，有俄罗斯风情马车等娱乐项目。徜徉俄罗斯风情街，犹如置身异国他乡，感受浪漫情怀。

日本风情街，位于中山区南山脚下，全长700米，占地11万平方米，有别墅120余栋。这是一条东瀛风情的幽静小街，设有日式餐馆、酒店、茶道馆、花店、书店、咖啡店、旅游商店等。商业设施是从日本引进的，并按照日式规划理念设置。开放式的房屋建筑与自然环境浑然一体，其和谐的特点体现出日本京都建筑的精髓。

女骑警

每逢节假日，在阳光明媚的天气里，你会在大连市政府门前的人民广场，看到一队骑着高头大马的女骑警，她们飒爽英姿，成为滨城街头一道亮丽的风景线。

大连市公安局女子骑警大队成立于1994年12月，是世界第一支成建制的女子骑警队，负担治安、巡逻、安全保卫、城市管理、体育运动和礼仪表演等任务。中外宾客赞誉她们是“大连亮丽的名片”“华夏警花第一骑”。位于中山区的女骑警训练基地也经常向游客开放，大家可以观看女骑警的训练表演。

闻名遐迩的展馆

自然博物馆

这是一座集地质、古生物、动物、植物标本收藏、研究、展示于一体的综合性自然科学博物馆，其前身始建于1907年。在全国自然博物馆中，它历史最久。新馆为现代欧式建筑，坐落在风景秀丽的黑石礁海滨，建筑面积1.5万平方米，是国内唯一拥有27万平方米海域的博物馆，在国内外享有很高的知名度。大连自然博物馆有各种标本近20万件，其中珍贵标本6000余件。馆藏海洋生物标本和热河生物群化石标本很有特点，其中海兽标本20余种，其种类和数量在国内自然史博物馆中是最多的。重达66.7吨的黑露脊鲸标本，在国内独一无二，在亚洲也属罕见。馆内设有恐龙展厅、海洋生物展厅、小型海洋哺乳动物展厅和大型鲸鱼展厅等。海洋生物展厅是该馆的特色展厅，展有体重66.7吨的黑露脊鲸，50余吨的抹香鲸，30余吨的长须鲸、虎鲸等大型海洋动物标本，并以超大壁画，将天空以及五彩缤纷的海底世界糅合在一起，令参观者感觉自然而惬意。馆内触摸式多媒体计算机大屏幕彩电、数码自动讲解语言系统等高科技设备，给游人参观创造了方便。另外，还有供讲演、研讨等文化活动的多功能厅，以及购物、餐饮等服务设施。

旅顺博物馆

始建于1917年，收藏有大量的历史文物。有青铜器、陶瓷、木乃伊、书画、货币等共16个展厅。通过那些古朴的青铜器具，绚丽多彩的陶瓷器皿，浓厚飘逸的书法绘画，巧夺天工的雕刻艺术，以及神奇的丝绸之路上的文物古迹和史诗般的大连地区历史文物等专项内容，反映出人类祖先杰出的聪明才智，从而使人们得到审美享受和激越奋发的精神力量。

在该馆众多的文物中，有几件文物极为稀有珍贵。

宋代的“双龙洗”，盆上铸有两条栩栩如生的龙。“双龙洗”之所以闻名中外，其原因就是它很有科学趣味。将盆中装上半盆水，用手摩擦两边的把柄，一阵嗡嗡的响声就会跃入耳内。接着盆里的水渐渐升腾，形成许多参差错落的水柱，仿佛是喷泉吐珠。实际上这是一种共振现象。

“木雕刻彩绘四大天王像”，这是清代初期的作品。原在北京圣化寺。木雕四大天王像，身材高大魁梧，气势雄伟，比例适度，服饰等线条流畅自如，是具有一定艺术价值的历史文物。据清翟灏所撰《通俗编》载：凡寺门金刚各执一物，俗谓“风调雨顺”四字。“四大天王”分为东、西、南、北四方天王。东方为持国天王，他怀抱琵琶，右手的手指正在挑弦，所以代表“调”；西方为广目天王，臂挽毒蛇，毫无惧色，代表“顺”；南方为增长天王，手握雨伞，代表“雨”，北方为多闻天王，手持一把寒气逼人的宝剑，威风凛凛，代表“风”。他们个个八尺开外，膀阔腰圆，横眉立目，站在这里，仿佛听到琵琶奏响，看见宝剑飞舞，那些妖魔鬼怪吓得闻风丧胆，再也不敢来祸害百姓，天下风调雨顺，人民安居乐业。

这正是古代人们雕塑“四大天王”的美好愿望所在。

隋末唐初的“木乃伊”，出土于新疆的沙漠。人死后埋在高温的沙漠之中，水分很快被蒸发变成尸干。这些1300多年前的“木乃伊”，至今仍保存完好。

郭沫若曾为“旅顺博物馆”题写了馆名。新中国成立以来，该馆先后接待了周恩来、刘少奇、董必武、宋庆龄、贺龙、郭沫若、聂荣臻、廖承志等领导人来馆视察指导。

现代博物馆

位于星海会展中心西侧，2002年3月正式对外开放，4层建筑，建筑面积3万平方米，建筑风格简洁大方，是一座创新博物馆，也是中国第一座冠名为“现代”的博物馆。该馆以大连百年历史为纵轴，展示大连城市风情和社会发展的各个层面，是“浓缩的大连地方史”和“形象的大连百科全书”。此馆具有现代文物的收藏、展示、研究、宣传、教育等多种功能。

贝壳博物馆

位于大连星海广场东南角，是目前亚洲展品最多的贝壳博物馆。建筑面积1.8万平方米，可同时容纳千人参观游览。

该馆展示现代贝类标本8000多种5万余枚、古生菊石动物化石3000余块及大量大型软体动物塑化标本，数量和质量堪称国内第一。馆内系统介绍了海洋知识、贝类生存环境，特别是人类与贝类的关系，包括贝类文字、贝类货币、贝类与宗教等。

贝壳博物馆的建筑也堪称一绝。建筑内部的坡道形似海螺内腔，螺旋状坡道盘旋向上，直至顶层，这是采用仿生学原理设计的。螺旋状坡道外墙以绘画表现海洋世界，最低处是深海，呈黑蓝色，越往高处颜色越浅，直至海平面，游客站在一层犹如置身海底。

贝类是人类永远的朋友，贝壳馆给人们带来海的气息和浪漫。

星海会展中心

位于星海广场北端，是大连市的标志性建筑之一，集展览、会议、贸易、信息、餐饮、娱乐等多项功能于一体。

中央大堂高40米，面积2000平方米，可举办大型庆典活动。大堂两翼是室内展馆，分东西两个展厅，展场使用面积1.4万平方米。室外展场面积6000平方米，可展出重型机械设备和举办大型庆典活动。

二层西翼的国际会议厅，面积7000平方米，设有不同规格的会议厅四个，贵宾厅两个，咖啡厅一个及多功能厅一个。500人国际会议厅配有进口6声道同声翻译系统及红外线接收装置，可满足庆典、宴会、学术会议、商务洽谈等需用。

三层是国内三大商品交易所之一的大连商品交易所。

四层中餐厅星海食府，可同时容纳400人就餐。坐在露台餐厅，可观赏美丽的星海广场，令人心旷神怡。

艺术展览馆

位于西岗区胜利桥北，是一座欧式建筑，建于1902年，是全国重点文物保护单位。原为东清轮船会社旧址，大连解放后曾作办公场所和民宅使用，1996年拆迁后按原型重建。这里经常进行各类艺术品的展览、展销及相关文化交流活动，受到国际友人、游客和收藏爱好者的青睐。香港著名社会活动家、画家梁洁华女士，世界著名活动家、日本创价会名誉会长池田大作先生任艺术展览馆名誉馆长。

蛇岛自然博物馆

位于旅顺口太阳沟友谊路西端，1990年5月建成开馆，是世界上第二个蛇类专门博物馆。序厅，介绍蛇岛的全貌和自然景观；蛇岛厅，以揭示蛇岛之谜为主题，通过展柜、标本、展板等陈列形式，展示蛇岛自然景观、蝮蛇生态气息；蛇类厅，展出蟒与活蛇24种，中国蛇标本120种，介绍蛇类知识；蛇的利用厅，详细介绍蛇类对人类的贡献，从古至今蛇的药用、食用、综合利用等；老铁山厅，展出鸟类标本，介绍老铁山鸟站与蛇岛的关系；影视厅，展出生物科学工作者对蛇岛、老铁山的科学考察、科研成果、论著资料等，蛇岛、蝮蛇的生态摄影，放映蛇岛纪录片，介绍蛇岛、蝮蛇生态等奥秘，展现蛇岛风光。

海军兵器馆

坐落在风景秀丽的旅顺口区白玉山山上，1988年7月开馆。

兵器馆内设5个展厅：水中兵器厅，展出各种水雷、深水炸弹、发射炮及各种扫雷用具、发音器、割刀等；轻武器厅，展有各种手枪、步枪、冲锋枪、轻重机枪及各种枪弹、炮弹、地雷、鱼雷发射管及鱼雷等；舰艇模型和海军制式服装厅，展出自中国有海军以来各历史时期海军制式服装，毛主席视察过的“南昌舰”舰长室，各种舰艇模型及各种军功章、荣誉章等；潜望镜室；上游导弹和航模靶机室。室外，还有火炮阵地、直升机、战斗机、鱼雷快艇、陆战坦克等10个部分。

兵器馆还展出一艘“金州舰”，该舰于1974年1月19日参加西沙群岛对越自卫还击作战，受到国务院、中央军委的嘉奖，全舰荣立集体二等功。

登上馆内舰桥指挥台眺望，或通过潜望镜搜索，会观看到水兵之城——旅顺军港和旅顺方圆几十里的村镇、名山及古战场。

巨型玉雕展览馆

位于旅顺口区太阳沟景区，为中国首家巨型玉雕博物馆，展出玉雕作品上万件。巨型玉雕有“九龙御座”“青竹御名”“龙船”“四大天王”“十八罗汉”“八仙过海”和“大鹏展翅”等，件件精美绝伦，堪称极品。

服装服饰文化博物馆

全国首家服装博物馆——服装服饰文化博物馆，位于旅顺口服装文化创意产业园中。

该馆设于产业园东方文化馆内，展示唐、宋、元、明、清等各朝代服装，以及中国不同民族、世界不同国家和地区的服装文化，并经常举行服装展演、书画艺术展示等文化活动，使大连的服装节不落幕，让服装的感染力传递得更加持久。

金石滩珊瑚馆

坐落于金石滩风景区，是目前亚洲最大的珊瑚生物馆，展示珊瑚礁生物群200余种3000多个。通过声、光、影等高科技手段，完美还原了海底世界的神奇与美丽。海底实验厅有漩涡鱼、电子相册、潜望镜、电子显微镜、真空水塔、水下音乐会等游客参与项目，表演场中有美人鱼、水中芭蕾、水下梦幻婚礼等精彩表演。游客还可穿上潜水服下到水中与鱼儿共舞，领略潜水的乐趣。

毛主席像章陈列馆

位于金石滩风景区，展列像章8万多枚，是国内陈列毛主席像章最多的场馆。陈列的像章从1945年开始到1993年毛主席一百周年诞辰，按历史阶段布列。像章材料，既有金、银、铜、铁、铝，也有木、竹、海绵、玻璃等。制造工艺，既有传统的手工雕刻，也有现代的科技元素。像章直径最小8毫米，最大38毫米。像章形状有圆、方、齿轮、心形等。像章背景有红语录、样板戏、体育运动、纪念原子弹升空等不同题材。

世界名人蜡像馆

位于金石滩风景区，1997年7月1日香港回归之日正式开馆。是集蜡像艺术展示、动漫、空间体验为一体的互动性展馆，其规模国内首屈一指。其中毕福剑的智能机器人蜡像颇受欢迎，它能舞会动，是蜡像制作艺术与高科技结合之作。众多游人纷纷登上“星光大道”的舞台，与这位“毕姥爷”合影留念。

赏石馆

位于金石滩风景区，是我国规模最大、藏石最丰富的赏石馆之一，展示奇石精品3000多件，年接待游客逾30余万人次。来赏石馆，可以领略“天下第一石”的神奇、五彩石的艳丽、文石的通透、黄河石的圆润、戈壁石的粗犷、水晶石的剔透、化石的奥妙，还可倾听灵璧石的五音七律，观赏牡丹石的高贵典雅、菊花石的绽开怒放。件件奇石，记载着几千万年乃至上亿年漫长的历史，是人们探索大自然的生动资料。

生命奥秘博物馆

位于金石滩风景区文化博览广场，是一座集人体、脊椎动物、海洋动物塑化标本收藏、科研、展示为一体的综合性博物馆，也是至今世界唯一一座可以透视生命迹象的综合性博物馆。该馆拥有各类藏品千余种，世界顶级塑化产品多达百余件。

中华武馆

位于金石滩风景区，占地面积6.4万平方米，建筑面积1万平方米，中国古典式建筑风格，创建于2001年9月，馆内珍藏的“青龙偃月刀”为镇馆之宝。有比赛馆、练功馆、中华武术展厅、教学楼、演武厅、兵器库、贵宾室、各门派教研室、会议室等设施，集旅游、教学、武术表演、武术培训、影视培训等功能于一体，是辽宁省青少年武术散打培训基地、辽宁省传统武术套路培训基地。该馆曾多次承办国家、省市级武术大赛，每天均有专场武术表演，精彩绝伦。

新体育中心

为迎接第十二届全运会，大连市在甘井子区西北路与岚岭路交会处新建一座体育中心。中心占地82万平方米，建筑面积50万平方

米，建设场馆10座，即体育场、体育馆、棒球场、网球场、游泳馆、室内网球训练馆、媒体中心、运动员训练基地综合训练馆、室内田径馆、教育科研楼。

体育场

是体育中心最大的单体建筑，建筑面积12万平方米，拥有60832个坐席，其中无障碍坐席120个、贵宾坐席644个、包厢坐席2016个。按功能布局分为运动员区、竞赛管理区、新闻媒体区、贵宾区、来宾区、观众区等。体育场东西两侧各设一块标准室外足球场地，便于运动员平时训练及赛前热身。训练场下方还建有地下停车场，设有车位约400个。体育场罩棚的“肩”部，通过调整气枕角度，形成空气流动的通风口，使观众可以舒适地观看比赛。

体育场能承担田径、足球等奥运会级别赛事，兼顾城市大型活动使用功能，也为中超的大连球队提供了一个主场的选择。

体育馆

拥有1.8万个座位，是目前国内可容纳观众最多的体育馆之一。15000个固定坐席外，设有3000个可伸缩坐席、包厢席。有转播间、运动员热身区、地下停车场以及餐饮区等。

体育馆会“三十六变”，仅36小时即可完成比赛场地的转换。设有制冷、冻冰设备，打完篮球打冰球。中央上方设有高科技“斗屏”设置，任意一处的观众欣赏赛事均无死角。另外，还有环绕整个观众看台的环形屏幕，用来计分、显示比分、播放字幕。馆内有1万多个隐蔽在座椅之后的圆孔为场馆送风，如果没有它们，就无 法举行世界级羽毛球、乒乓球赛事，因为它们能降低馆内空气流动速度。

体育馆可举办奥运会的顶级赛事，能承担篮球、排球、乒乓球、羽毛球、手球、体操、拳击、室内足球以及冰上运动项目，同时可举办马戏、文艺演出等大型演出。

棒球场

在体育馆东侧，外形现代感十足，呈深灰色。看台坐席3015

个，在居中的固定看台上方设有罩棚。能够承担国际专业棒球赛事，举行垒球赛事。设有击球练习场和投球练习场。其场地红土土质要求比较细腻，跑动不起灰，下雨不粘脚。

网球场

是体育中心一道独特的风景，刚柔结合的建筑风格体现出网球运动的独特魅力，主赛场东西两侧银白色钢结构和彩色玻璃幕墙造型，采用常春藤的植被效果，更加亲近自然。

网球场占地10万平方米，建筑面积4.4万平方米，包括一个可容纳1万人的决赛场地，一座四片场地的室内网球训练馆，两个半决赛场地，八个预赛场地，六个训练场地。能够承担网球世界顶级赛事，并可满足群众性网球健身活动的需要。

游泳馆

是集竞赛、训练、健身、休闲为一体的综合性游泳馆，呈波浪形，设有4200个坐席。馆内设有50米10泳道标准游泳比赛池一个，标准跳水比赛池一个，50米8泳道训练热身池一个。泳池采用四面溢水系统，可保证水面状态平稳；采用吸波效果达80%的泳道线，能最大限度地吸收游泳运动员划水产生的波浪，有利于提高运动员的比赛成绩。

游泳馆设施堪与北京“水立方”相媲美，电气化智能设备水平在国内游泳馆中居于领先地位。它具备游泳、花样游泳、跳水和水球等项目的比赛条件，能承担奥运赛事及世界单项赛事，还可为专业运动员提供训练用地，为市民健身提供服务。

彦年游泳馆

位于傅家庄公园中国煤矿疗养院院内，是拥有室内海水泳池、客房、餐厅和各种健康娱乐设施的大型健身休闲娱乐中心。海水泳池分成人、儿童两处，面积分别为50米乘25米和10米乘7米，水深分别为1.5米至3.95米和0.8米。池内海水是从深海提取的，经过三次过滤、加温、消毒的循环水，水温始终保持在26℃，水质各项指标达到国家标准。

大连国际会议中心

位于中山区港湾广场东侧，银白色的流线型建筑，形似欢快跳跃的海浪，非常吸人眼球。它是目前世界上最为复杂的建筑项目之一，未来会成为闻名于世的大连地标性建筑。

建筑面积14.68万平方米，高59米，外皮由欧洲进口的10万块铝板构成，其内核演绎出魔幻般的空间，让人们的传统视野为之颠覆。走进这座建筑，宛如身处太空飞船或巨型艺术品之中。内部尺度恢宏，复杂多元。海水制冷，自然采光，兼具会议和演出功能。

地上四层，有12部扶梯，28部垂直电梯，7个出入口。一层，为休息区、服务区及展览专用区。二层，设有媒体工作间、新闻发布厅、演员化妆间、指挥休息室以及设备间、办公室。三层，有观海客厅、空中歌剧院、超级会议室、空间廊桥。观海客厅犹如一个探出建筑的手掌，玻璃幕墙外就是百年老港，可用作时尚展、现场秀。驻足会客厅内，颇有凭海临风之感，召开达沃斯会议时，地球村就设在这里。空中歌剧院位于整个建筑的中央，由四部核心筒和六根巨柱支撑，在一个形如乒乓球拍状的钢环梁上，是世界第一个建成的空中歌剧院，能容纳1600人，珊瑚红色座椅特别舒适。空中歌剧院的音效设计跻身国内前三，剧院的栏河上有4000多个章鱼触手般的石膏体，这是声学扩散体，而天花板上的浮云状反声板，则是为了更好地传达必要的反射声。空中廊桥最大跨度为110米，走在上面屏气凝神，会察觉到桥体有轻微晃动，可以体会到“城市中的建筑，建筑中的城市”的感觉。廊桥对建筑的诸多功能起到链接作用。一个多功能大厅、6个大中型会议室环绕在歌剧院四周，犹如一座座单体建筑环抱着广场。多功能大厅面积达3000平方米，可容纳1800人，它与歌剧院共用一个舞台，中间以活动板隔开。四层，有26个60—80平方米的小型会议室，32座多功能厅，两个多媒体会议室。整个建筑内部，仿佛是一座微型城市。

H 丰富多彩的节日庆典

服装节

大连国际服装节从1988年创立，每年一届。每届服装节历时7—10天，多在8月下旬至9月中上旬举行。服装节期间，除开幕式、闭幕式外，还举行国际服装博览会、中国服装出口洽谈会、“大连杯”中国青年时装设计大赛、世界名师时装精品展示会、盛大的巡游活动以及为期一个月的游园会。主题鲜明的开幕式和广场艺术晚会是服装节的一大特色，来自国内外的著名艺术家、影视歌星登台献艺，上万名群众参与表演，为服装节增添了亮丽色彩。

啤酒节

大连国际啤酒节，每年夏季七八月份在星海广场举行。其间，举办啤酒宝贝评选、啤酒知识大赛、市民DV摄影大赛、海报设计大赛、啤酒文化展、啤酒竞饮大赛、巡游表演、门票抽奖等活动，形成互动狂欢的热烈场面。

啤酒节在星海广场设立了不同特色的活动专区。

郝华臣 摄

内环演艺区：十几家大酒商鼎足而立，中外啤酒擂擂竞秀，各大舞台日日好戏连台。

华表广场展示区：名车美女、精品婚纱引人注目，中心舞台特色活动连环相扣。

慕尼黑狂欢区：慕尼黑啤酒大篷，提供正宗的德国啤酒、德式小吃，有德国乐队的精彩表演。

民俗风情区：民族风俗展示与特色表演、民族风味土特产与特色小吃、民族工艺与用品联展。

动感游艺区：有刺激感强、时尚流行的游乐设施。

葡萄酒节

大连首届国际葡萄酒节于2012年7月在星海百年汇豪生酒店隆重举行。葡萄酒时尚峰会汇聚了近50家葡萄酒商家代表，法国国际知名品酒师CLAUDE先生现场讲解不同种葡萄酒的品尝方法。法国、意大利、西班牙、澳大利亚、加拿大等国葡萄酒商纷纷组团前来参展。葡萄酒节开展了许多大众活动：酒瓶创意绘画、体验酿酒过程、闻香识美女、大师教您品红酒等，让人们充分感受到葡萄酒文化带来的惬意和快乐。

沙滩文化节

每年夏季在金石滩风景区举行，以“欢乐动感，激爽自然，浪漫大连，心动海滩”为主题，大批市民和游客参与到活动中。有沙滩趣味运动会、沙滩足球排球赛、健身舞展演、全国航空动力伞大

崔岩 摄

赛、亚洲街舞大赛、市民沙雕大赛、全国汽车场地越野锦标赛等十几项活动。在数公里长的金石滩黄金海岸上，建立了汽车露营地、沙雕展示区和海上活动区等诸多分区。历时一个月的沙滩文化节，会让国内外游客在大连度过一个激爽快乐的夏日。

国际马拉松赛

大连国际马拉松赛于每年11月初举行。自1987年至2012年，已成功举办了26届，先后有德国、英国、法国、意大利、荷兰、俄罗斯、美国、加拿大、坦桑尼亚、埃塞俄比亚、日本等19个国家和地区的千余名马拉松运动员参加比赛。我国著名运动员王军霞、张林莉等均参加过大连国际马拉松赛。

出口商品交易会

原名为“中国东北地区暨内蒙古出口商品交易会”，是原对外贸易经济合作部批准的全国第一个区域性出口商品交易会。始创于1987年，每年一届，至今共举办了25届。交易会立足东北地区、面向全国各地。国内参展商以主办省区市的各专业外贸公司、地贸公司、工贸公司、外商投资企业和拥有外贸自营权的企业为主，同时邀请全国各省市参加。每届有三四十个国家和地区的外商到会，经济技术合作项目洽谈同时进行。

徒步大会

每年5月，大连市都要举办国际徒步大会，这项活动始于2003年秋季，参加人数由第一届的13000人增加到目前的30万人之多。徒步线路长达30公里，从星海广场出发，沿着滨海路，经老虎滩、十

崔岩 摄

八盘进入东港商务区，最后抵达终点——国际会议中心。众多大连市民和来自国内外的徒步爱好者，兴致勃勃地奔走在滨海路上，沐浴着习习的海风和温暖的阳光，观赏着秀美的山海风光，用自己的脚步走出了这座城市一个崭新的节日，向世界展示出一幅美丽、壮观、浪漫和充满活力的生命运动画卷。

温泉滑雪节

过去有人曾说："大连旅游是夏天热门，冬天冷门。"自从2007年冬举办了温泉滑雪节后，大连冬季旅游不再"冷"，"冬季到大连，体验新浪漫。"中国大连（安波）国际温泉滑雪节，搅热了大连冬季旅游市场。

温泉滑雪节的特点是把温泉、滑雪与农家乐、休闲农庄、乡村体验、文化表演、宗教祈福、购年货、吃年夜饭等多种旅游项目融合到一起，泡温泉，山坡滑雪，逛农村，赶年货大集，购咸鸭蛋、大骨鸡等土特产品、绿色农副产品已成为冬季旅游的新时尚。

温泉滑雪节内容丰富，推出多系列数十个旅游产品，融合了购

物、乡村游、美食、养生、书画、摄影、文艺表演等多种旅游元素。旅游企业精心设计温泉养生讲座、温泉疗养、教师滑雪周、学生滑雪周、大学生滑雪节、韩国人滑雪周、市民滑雪体验、雪地婚礼、单双板比赛等活动项目，极大地激发了人们的参与热情。

婚庆博览会

始于2009年9月，以“一站式婚庆服务”为宗旨，倡导全新婚庆观念，展示多元婚庆文化。展会一般分为以影楼、婚庆用品为主和以摄影工作室、礼仪公司为主两个展馆。力求打造集婚庆公司、婚纱、摄影、家具、床上用品、酒水、饮料、糖果、钻石珠宝等相关产业为一体的一站式婚庆服务，成为婚庆专场“订货会”。

由于颇受消费者青睐，为魅力大连增添了浪漫新元素。现已由过去的每年一届，改为每年举办春、秋两届，分别于3月份和8月份在大连星海会展中心举行。展会活动丰富多彩，成功举办了“鹊桥大集”“婚俗文化摄影展”“婚礼主持人大赛”“婚庆文化论坛”“海誓山盟农民工婚礼”等大型婚庆文化活动。除率先启动的“蒂卡钻石杯当年最美新娘评选”，还推出精彩的婚纱展演、时尚彩妆、流行服饰发布、时尚婚宴展示、婚车展示等活动。为新人量身打造的一系列独到的定制方案和露台婚礼、童话婚礼、海景婚礼等个性化婚礼，以唯美的景致、温馨的氛围、炫酷的场面、前沿的资讯，引领着国内婚庆文化的时尚，把大连的婚庆博览会，办成了东北乃至全国中高端婚庆消费市场上一道最亮丽的风景。

I

鲜香可口的美食小吃

油煎焖子

在大连的大街小巷，四季常见一种传统小吃，即油煎焖子。食之口感爽滑，香辣芬芳。这东西大连解放前就有了，大连人不论老少都喜欢吃，外来游客尝过以后，也念念不忘。

做法：取地瓜粉500克放入盆中，加750克凉水和10克精盐拌匀。锅中加水1500克并烧开，加明矾1克，慢慢地将搅匀的水粉汁倒入锅里，边倒边搅，搅稠到变色后即可离灶，倒入干净的盆内凉透。给平底锅打上底油，将凉粉切成小块，温火煎熟，盛至碗内，放上调稀的麻汁酱、蒜酱、酱油，还可根据不同口味加入其他佐料，便可食用。

烧烤海鲜

新疆以烧烤牛羊肉著称，大连则以烧烤海味而驰名。鱿鱼、棒鱼、海螺、蚬子、毛蛤等海产品，均可撒上盐、辣椒面，在铁网或平板锅上烧烤。尤其是鱿鱼，烤好后抹上辣酱，吃起来鲜味十足，最受食客欢迎。

生吃海鲜

入口的食物，一般均要熟食，而有些海鲜生吃方更鲜美。生吃必须是活海鲜，否则易坏肚子。将活海参切成丁块，用蒜泥、香菜、食盐、香油拌匀后生吃，软硬适宜，口感颇佳。将赤贝、海胆、海螺、虾等去壳，取肉蘸辣根或蒜泥、姜末而食，味道尤为鲜美可口。

清煮海虹

海虹除凉拌、炒食外，还可清煮而食。把海虹洗净，带壳用清水煮后，取肉蘸蒜泥、姜末吃，别具风味。每逢节假日举行家宴时，端上一盆清水煮海虹，扒吃一个海虹，再呷一口小酒，其乐陶陶。

油炸虾串

这也是大连人喜欢的一种海味小吃。把虾洗净、去皮，穿成串，放在烧开的油锅里炸熟，抹上辣酱即可食用。或用盐、味精及粉子（白面也可），调成糨糊，把穿好的虾串，在糨糊中滚沾一下，而后再炸熟食用，味道更加鲜脆。

盐水波螺

大海无边际，海物数不尽。海中各种贝类一般均可食用，如波螺、香波螺，长不大，一种是蜗牛状，一种是尖塔形，可用盐水煮熟而吃。吃时，用牙签挑住肉，旋着拧出，肉虽少但精，味道绝佳，愈吃愈美。大连人视其为零食，喜爱程度胜过宴席上的美味佳肴。每当茶余饭后或余暇休息时，女人们一面津津有味地吃波螺，一面看电视聊天，惬意得很。

庄河大骨鸡

庄河大骨鸡是我国著名的肉蛋兼用型地方良种鸡。自清代乾隆年间出现以来，经自然杂交、群众选育、科学培育，形成体大、蛋大，耐寒性、抗病性和觅食性强的特点，肉味鲜美。

庄河大骨鸡的脂肪含量是一般肉鸡的84.5%，蛋白质含量是一般肉鸡的110.3%，铁含量是一般肉鸡的164%，镁、铜、锰等微量元素是一般肉鸡的130%以上。

庄河大骨鸡可清炖，也可红烧或清蒸、熏制烧鸡。

海凉粉

生长在海底礁石上的一种水草，叫牛毛菜，将它晒干后上锅熬7至8小时，再过滤晾干后，切成条形，便成了海凉粉。把黄瓜切成细丝，将芝麻酱、香菜末、精盐、鸡精、米醋、白糖、香油、麻油和海凉粉、黄瓜丝、蒜汁放到一起拌匀，便是一道极为爽口的开胃凉菜。

海菜包子

用海麻线菜配上肉丁、大蒜片拌成馅做包子，味道鲜美，口感细滑，易于消化。

咸鱼饼子

把黄花鱼半干半软地晾干，煎烤成咸鱼，就玉米饼子吃。饼子焦、脆、香，咸鱼鲜、嫩、咸，两者搭配起来吃鲜香无比，是老大连人最喜欢的吃食之一。

辣炒蚬子

把活蚬子用盐水泡上几个小时，让蚬子吐净沙子，再将其洗净放入油锅，放上干辣椒和少许食盐爆炒，炒熟即可食。此味鲜、咸、辣，是一道风味十足的海边小炒菜。

大连特色的风味小吃还有芸豆蚬子面、鱼卤面、海菜窝头、庄稼院豆米饭、虾面酱、海兔子酱、玉米裙带包、酱渍活虾爬、酒醉虾、五香活蟹、菊花管、香煎海带丝、葵花鱿鱼盏、蒜蒸扇贝、老醋腌蟹、老醋蛰头、鱿鱼水饺等。还有椒盐小扇贝、海菜盒子、五香黄花鱼、酱烧香螺等，更是鲜香诱人，被评为“中华名小吃”。

附录

宾馆、酒店、饭店

棒棰岛宾馆

花园式国宾馆，位于风景秀丽的南部海滨，接待过许多中外贵宾。宾馆三面环山，一面临海，占地87公顷，建筑面积4万多平方米，十几座中、日、欧建筑风格的别墅，如珍珠般散落在海边的绿树花丛中。

国际会议中心装备先进，可供400多人开会、就餐和观看艺术演出。康乐中心内设舞厅、游泳池、保龄球和桑拿浴等12个游乐健身项目，还有宴会厅、购物中心、酒吧、卡拉OK厅、美容厅等。这里的海水浴场、高尔夫球场及网球馆，为贵宾们提供国际标准的服务。

富丽华大酒店

五星级，位于中山区人民路60号。有客房823间，包括豪华标准间、商务客房、豪华套房、总统套房等。有1500平方米多功能厅、14个中小型宴会厅、9个会议室及各种娱乐设施，有模拟高尔夫球场、壁球馆、保龄球馆、室内游泳池等康乐设施。被国家旅游局授予“全国50家最佳星级饭店”称号。

香格里拉大饭店

五星级，位于中山区人民路66号。有客房562间，客房设有多语卫星电视、带语音信箱的国际直拨电话和室内保险箱。有东北地区最大的无柱宴会厅，多功能会议室及宴会厅拥有多元化麦克风、同声传译系统、电子活动屏幕等。中餐厅“香宫”，日餐厅“西村”精制东亚美食，“咖啡苑”等呈现各国风味。有网球场、游泳池等设施完备的健身中心。

瑞诗酒店

五星级，位于中山区青泥洼桥商业区。有客房327间，包括108间单卧室或双卧室公寓，8套套房、总统套房和皇家套房。有可容纳450人的大宴会厅，3间多功能厅，会议室设施齐全。金蝶餐厅可容纳164人就餐。有室内游泳池及设施功能齐全的健身中心。

九州假日饭店

四星级，位于市中心胜利广场东侧。有客房405间，包括标准客房、豪华客房、公寓和写字间。设有西式餐厅和中式餐厅，不同风格的酒吧，还有游泳池、台球室、网球场、健身房、美容桑拿等娱乐设施。

渤海明珠大酒店

四星级，位于市中心火车站东侧。有客房390套。酒店三楼是大连老字号名店——海味馆，设有48个海鲜展柜，是全市最大的海鲜餐厅。五楼是可容纳300人的宴会厅。30楼是旋转餐厅，可容纳140人就餐，客人除享受美味佳肴外，还可俯瞰大连的海天美景。

凯莱大酒店

四星级，位于市中心大连火车站南侧。有客房240间，全部配有小酒吧及卫星电视设备。有卡拉OK厅、迪斯科舞厅、KTV包间，还有按摩服务，商务中心，小卖部，外币兑换，保险箱，医务室，送餐，洗熨衣，车、船、机票订购等周全的服务。

南山宾馆

庭院式花园宾馆，位于中山区枫林街56号，由一座5层综合主楼和24栋建筑风格各异的别墅楼组成。拥有豪华套房、标准客房246套，床位300张。宾馆内设有商务中心、卫星转播、保龄球、网球、桑拿浴、美容美发，以及中、西、日等餐饮、娱乐设施。

渤海饭店

位于大连市最繁华的青泥洼桥商业区，毗邻大连火车站。有高档客房、阁楼式客房、标准客房393间；设有大小会议室、大小餐厅及KTV包间，可容纳500人就餐，并设有舞厅、音乐茶座、麻将室。餐饮以经营大连海鲜菜而著称。地下室到二楼是商场，面积为1万平方米，商场是欧式风格并具有现代购物的氛围。

大连饭店

位于中山区上海路6号，东濒海港，西临火车站，交通十分方便。建筑风格古朴典雅。有各式客房102套，内设多功能遥控电话，可直拨世界各地；并有空调、冰箱、闭路电视、音响及标准卫生间等现代化设备。有大小宴会厅，可办300人的大型宴会。菜肴中西兼有，尤其擅长大连海鲜风味。

大连宾馆

位于中山广场。建于1905年，古罗马式建筑。全楼共5层。拥有单点和宴会餐厅15个，可提供传统风味的中国饭菜及别具特色的各种西餐。它是大连市第一座豪华西式宾馆。

渤海大酒店

位于中山广场南侧。建筑面积2.4万平方米，有客房275间，有国际长途直拨电话、迷你酒柜、卫星电视等设施。拥有可容纳300人用餐的宴会大厅。全国首家超市自助餐厅“千品府”，具有浓郁特色的“东北八大碗”，装饰独特的大堂酒吧，各式风味餐厅和桑拿浴、KTV包间、美容美发室等康乐设施。

虎滩宾馆

位于老虎滩旅游胜地。拥有套房、标准房、单人间、三人间120套。还拥有大小会议室多间，商务中心和虎滩旅行社，及卡拉OK厅和歌舞厅、快餐厅、大型宴会厅、雅间。可同时为500人提供中、西式餐饮服务。

天富大酒店

位于中山区天津街。推出“逛名街夜市，到天富消夜”及独具特色的“天富早茶系列”和露天咖啡廊，是举行会议、学术研讨、宴请、展示、培训及庆典的好场所。酒店先后荣获省“最佳星级饭店”、省“最佳旅游饭店”等称号，并在省第二届“旅游杯”大赛中，取得团体第一名的佳绩。

瓦房店宾馆

位于具有“东方钻石城”之美誉的瓦房店市内。有客房90间，大小会议室5个，风格各异的大小宴会厅14个，可同时接待600人就餐。

普兰店宾馆

位于普兰店市中心。有中高档客房130间，有以鲁、川、粤菜为主的中餐厅和具有异国情调的西餐厅。能举办大型会议，可供500人同时就餐。还有豪华舞厅、酒吧、咖啡厅、KTV包间以及桑拿洗浴、健身等休闲娱乐场所。

庄河大酒店

位于庄河市中心。有客房136套，餐厅可提供中、西、自助式餐饮，可容纳1000人就餐。还有会议室、贵宾室、商务中心、美容美发厅、大型多功能厅、健身房、桑拿洗浴、卡拉OK厅等服务设施。

长海宾馆

位于长海县政府所在地大长山岛镇。有标准客房和套房65套。餐饮部设有豪华的中餐包间10个，160个餐位；大餐厅400个餐位。宾馆歌舞厅安装有多功能设备，可容纳100余人的舞会，200余人的会议，也可作为宴会大厅，此外还有商店、练歌房等设施。

旅顺新纪元大酒店

位于旅顺口区繁华地带。拥有标准客房及豪华套房70间。中餐厅提供正宗大连海鲜菜、鲁菜、川菜、粤菜，可承办婚宴寿酌、开业典礼、周年庆等活动。康乐中心设有桑拿、按摩、台球、麻将、健身房、美容美发等服务。

开发区银帆宾馆

地处大连开发区中心。是中日合资的宾馆，有中、日、欧不同风格的客房400余套，并有可提供中、西、日式菜肴的大小宴会厅10

余个，商务中心、歌舞厅、桑拿浴、美容美发中心等服务设施齐全。还有健身房、游泳池、保龄球室、室内高尔夫球场、网球场、壁球场、羽毛球场等康体服务设施。

金州金山宾馆

四星级，位于金州新区五一路82号，是金州新区规模最大、档次最高的宾馆。有客房164套，设有商务中心、商场、会议室、医务室、无线上网的公共区域。可提供票务、租车、洗衣、外币兑换、理发、美容、叫醒等服务。

大连的交通

大连的交通极其发达便利，呈现海陆空立体大交通的格局。大连周水子国际机场，航班连通国内外。大连港与国内外许多城市开通航线。大连火车站和大连北站，每日开往全国24个方向、途经13个省市区的固定旅客列车近50对，日均发送旅客5万多人次。

长途客运：通往全国各个城市和地区。主要有建设街、北岗桥、火车站前等几个大的汽车站。

市内有公交线路100多条，其中电车线路4条、汽车线路69条、小公共汽车线路29条、快速轨道交通线路2条、地铁线路2条。一般情况下，公交首班车时间为4点至4点半，末班车时间为22点至23点50分。实行无人售票，设有刷卡机和自动投币箱，票价为1元或2元，自动投币不找零。小公汽刷卡票价与投币票价相同。大公交普通卡0.95元，学生卡0.4元，低保学生卡0.3元，60～69岁老年卡0.5元，70岁以上老年人持老年证免票。

按营运方式分，1路至99路为公共汽车，101路为无轨电车，201、202路为有轨电车，4＊＊路为合资合作企业经营的公共汽车，5＊＊路为小公共汽车，7＊＊路为联营公司经营的公共汽车，此外还有旅游环路。

常用电话

人工信息服务台：160

供电事故处理：95598

大连火车站问询电话：12306

大连周水子国际机场总机：83885933

大连客运站问询电话：82625612

北岗桥长途汽车问询电话：83655911

市内出租汽车投诉处理电话：83638119

公交集团问询投诉电话：82532637

大连旅游投诉电话：8462396

大连市消费者协会投诉电话：83150315

主要国内城市天气预报：16884707

世界主要城市天气预报：16884705

消费者投诉电话：12315

公益生活热线查询台：84616601

特色餐饮店

新东方渔人码头

位于中山区港湾广场3号，集餐饮、娱乐、休闲于一体。一楼是庭院式花园餐厅，有各种风味小吃、日式刺身、广东烧腊卤水、老火靓汤及自选海鲜等。二楼美食城宴会厅，适宜举办大型宴会。三楼是迷城夜总会，代表着滨城的新一代娱乐模式。

王子饭店

位于虎滩乐园。一楼是超市布局的自助火锅广场，千品汇集，自选、自烹、自饮、自乐，低价消费。北侧的“中华食府”开设了“香草小屋”“玉兰食苑”等12个高档和一个农家米酒廊，荟萃了全国各地100多个风味品种。二楼是大型明档亮厨的王子食府，北侧是可容纳500人的宴会大厅，南侧是豪华气派的KTV包房。三楼是JOK酒廊和王子桑拿花园。四楼、五楼是卡拉OK练歌房、麻将室。

新海味馆

位于长春路49号，集餐饮、娱乐于一体，可承办容纳300余人的宴会及会议。新海味馆继承了老海味馆之精髓，融餐菜之精华，并以营养、绿色为主题，以口味为美，其以独特的操作技法，形成了选料讲究、精工细作、搭配精艺、口味清淡、咸鲜脆嫩、明快自然之特色。酒店先后被授予“辽宁省文明饭店”“中华餐饮名店”“中华老字号”“绿色餐饮饭店”等荣誉。

享受大连海味餐饮的饭店还有碧海宾馆大船海鲜舫，自有渔船10余条，保证了海产品的新鲜度，降低了成本和菜肴的价位。港湾街的中山府农家菜馆，把小海鲜进行特殊加工，成为独特的特色小海鲜食品。民生街的富哥海鲜舫，黄河路的紫航大酒店，人民路的港湾海鲜府，丽月酒店春德街的海里捞，鲁迅路132号的东海酒家，星海街的光彩酒家等，都以高标准的服务，中低档的价位，经营鲜活的海珍品。

日本料理店

割烹清水，位于星海广场国航大厦2楼，是大连经营规模最大的日本料理专门店，拥有10个和室包间和宽敞明亮的就餐大厅，可容纳1500人同时就餐，活鱼海鲜会席料理、一品料理及铁板烧等一应俱全。另外，许多星级酒店也专辟楼层、餐厅经营日本料理，如南山宾馆行云阁、香格里拉大饭店西村、瑞诗酒店英虞厅、富丽华大酒店明园、民航大厦日餐厅等。中山区民寿街的三元坊日本料理、延安路78号的樱花亭、星海广场E区30号的喜乐日本料理和西岗区森茂大厦后面的日式一条街属大众化普及型的日式餐饮店。

韩国料理店

富丽华大酒店东楼的萨拉伯尔韩国传统风味烤肉店、新开路的韩国红帽子料理店是经营正宗韩国美味的料理店。还有民意街的韩国鸭鸥厅、天津街的平壤高丽馆、红旗镇的东都亭韩国料理等等也都是经营韩式餐饮的专营店。

俄式餐饮店

想品尝俄式美食可到俄式专营店华梅西餐厅大连店。另外，胜利桥北的俄罗斯风情一条街其沿街酒店、小吃店多家，均有俄式风味餐饮。

西餐馆

大连许多宾馆、酒店均有西餐厅。大苹果西餐厅位于青泥洼桥繁华路段，汇集了各国不同风味近百余种中西特色美食，如美味牛扒、比萨、各色甜点。百乐多比萨店位于中山路546号，是一家纯正的意大利式西餐厅。这里有意大利农庄猪肘，有女士们喜欢的提拉米苏，有孩子们津津乐道的香草土豆泥，有海鲜意大利面，以及秘制出品的海参与鲍鱼。甘井子迎客路的机场宾馆西餐厅、鲁迅路的大连帕帕斯西餐厅等都是专营店，这里有法式、英式、意式等各种风格的西餐。喜欢西餐快餐，可到胜利广场B座2层的肯德基胜利餐厅、三八广场餐厅、西安路餐厅、马栏子餐厅等。还有麦当劳西安路餐厅、荣盛餐厅等处，那里会为您提供快捷的服务。太阳神酒店的印度抛饼，马栏广场、上海路等地方的好利来蛋糕，也是吃西餐的好去处。

天天渔港

总部位于天津街，在全市设有多处分店。其菜肴以鲜活的本地海产品为主，兼有其他国家和地区的海产品。口味以大连海鲜菜肴为主，兼有粤菜、沪菜和鲁菜等风味。高尔基路3号、人民路10号、同泰街45号、延安路41号等处都设有天天渔港分部。

双盛园饭店

在大连餐饮业颇有影响，重信誉、重服务，海鲜菜肴价位适中。经营品种齐全，卫生条件良好，菜肴制作细腻，口味独特，环境优雅，其大饼子咸鱼最为有名。已发展到16个分店，总店位于安乐街1号，在周家街25号、高尔基路318号、鞍山路71号等处都设有分店。

形形色色的小餐馆

吉品斑鱼府：马栏广场西红旗东路81号

太太好粥店：沙河口区西安路罗斯福西侧

老边饺子馆：西岗区华胜街

阿瓦山寨（苗族土菜）：马栏广场西行农业银行旁

老灶台鱼馆：马栏广场西行华夏银行旁

山乡食品庄稼院食府：新开路经贸大厦一楼、二楼

巴西烤肉自助：中山区心悦大酒店二楼

三宝粥店：车家村车站附近

全聚德烤鸭店：万达大厦附近

干锅鸭头：马栏广场西行华夏银行旁

四海狗肉馆：五一广场派出所后身

大地春饼店：东北路107号、黄河路696号

蔬菜食府：中山区南山路121号

来来驴肉馆：马栏广场西行200米

门丁肉饼：日航酒店对面

现代粗粮：星海广场E区34号

大梁骨头馆：总店位于太原街

鲜花农庄：旅顺北路辛寨子小学前行500米

饼中王：二七广场

糯米香：大连火车站南侧

台湾牛肉汤：沙河口区新华街201号

一块豆腐：红旗东路52号（红旗政府斜对面）

老妈疙瘩汤饭店：西岗区五四路133号

大连詹师傅香辣蟹：沙河口区同泰街2号

昌隆肥牛火锅城：西安路74号

人人居甲鱼火锅城：拥政街48号

西安风味：兴工街百盛附近

西北牛肉面馆：辽师北门旁

大宅院：过马栏子去旅顺中路的路上

草原全羊汤馆：西岗区长春路389号

川王府酒店（川菜）：胜利路76号

浦江餐饮（沪菜）：五四路122–124号

潇湘菜馆（湘菜）：盖州街中信银行后面

沙漠驼铃（新疆风味）：大连理工大学北门

香甜可口的大连水果

苹果

辽南地区素有“苹果之乡”的美誉，有“国光”“大王”“红玉”“元帅”“黄金”“银镀”“香蕉”“富士”等近50个品种，产量约占全国总产量的1/7，出口量占全国的40%。

大连金州三十里堡的苹果非常有名。同是“国光”品种，一般多为白瓤，酸分多，切开后变色；这儿产的却是黄瓤，酸分少糖分多，切开后不变色。三十里堡九园出产的苹果“小冬青”，更是别具特色的佳品，香味醇厚，甜酸适度。早熟的伏果有“辽伏”“黄魁”“祝光”等，秋果有“八月酥”“黄金”“迎秋”“红玉”等。后起之秀的“富士”苹果发展极快，汁浓质细，香气袭人。

樱桃

春夏之交是水果的淡季，在此时节，大连最早登市的水果当属樱桃。樱桃有红有黄，犹如宝石般晶莹，肉乎乎、水灵灵，令人垂涎欲滴。

大连的樱桃品种繁多：颗粒小的“日出”“早丰”樱桃，是早熟品种；颗粒大、紫红色的“那翁”樱桃，个头中等；黄中透红的“黄王”樱桃，味道最甜；晶莹如玉、鲜红如血的“红艳”樱桃，色泽最红；像盏盏宫灯的“红灯”樱桃，个头最大；其貌不扬的“红蜜”樱桃，是尤为甘美的上等品种。

大连出产的樱桃，包括原产于长江流域的中国樱桃，本地山樱桃，欧洲酸樱桃、甜樱桃等。通过杂交育种培育的大连甜樱桃，如“红艳”“红灯”“红蜜”，其质量大大超过原有引进的品种，不但在辽宁广泛推广，还被引种到北京、山东等地。

桃子

初春时节，苹果树尚处含苞待放之时，桃花却早已怒放枝头。此时，大连漫山遍野盛开着红中带紫的桃花，仿佛是飘荡在山间的彩霞绯云。

大连桃子品种繁多：肥城佛桃个头最大；撒花蟠桃，花一凋谢就有甜味；油桃光滑无绒毛，酷似李子；金黄色的黄金桃，甜酸芳香；“丰白”桃产量较高；水蜜桃为最佳之桃，汁浓肉美，吮一口，似玉露琼浆，余香不尽。桃子在市场上滞留时间较长，“五月鲜”等早熟的桃子在农历5月便可登市，晚熟的桃子直至8月还能吃到。“丰黄”“橙艳”等品种的桃子，醇香味浓，最适于做罐头。用桃子制作的蜜桃酒，芳香四溢，老少皆宜食用。

山枣果

在大连北部山区，有一种野生山枣树，所结山枣果粒小味美、酸甜爽口。酒厂将山枣果酿制成酒，称为“山枣蜜”，果香优雅、浓郁，味道醇美，具有镇静安神、滋补强身、开胃健脾之功效。

堪称良药的大连海产

众所周知，海参、鲍鱼、对虾、海螺、海蜇、螃蟹等都是席上名菜，但可能很多人不知道，这些海产品亦是治病的良药。

海参

海参含高级蛋白质，营养丰富。据古代文献记载，海参有“滋阴、补血、健阳、滑燥、调经、养胎、利产”等功能。不同种类的海参都可直接入药治病，如刺参、梅花参、二斑白尼参有补肾、治水肿的作用；棘辐肛参有控制溢血及治月经病的功能；黑乳海参则是治疗月经不调、产后催乳的良药；黑海参可医治外伤出血、止痛等。煮食鲜海参可治肺结核、咯血和再生障碍性贫血等。

海参肠中含有一种硫酸多糖，用鲜海参炖吃，对小儿麻疹有很好的疗效。将海参肠焙干研末服用，可治胃病及十二指肠溃疡。

鲍鱼

鲍鱼的肉和壳都可用来治病，肉可治月经不调和大便干结。鲍鱼壳较肉的价值还高，因它有清热明目的功效，中药里称其为“石决明”“千里光”，把壳和野菊花、甘草一起煎服，可治疗眼赤和羞明怕日症。壳配伍生地等中药，可治高血压。将煅壳研末，散敷可治外伤出血。

对虾

《本草纲目拾遗》中记载：“对虾，补肾兴阳，治痰火后半身不遂，筋骨疼痛。”现在民间用鲜虾浸酒炒食治阳痿。鲜虾肉与牡蛎一起捣烂治皮肤溃疡；虾肉配伍其他中药，可治神经衰弱、手足抽搐、全身瘙痒等症。

海螺

红螺肉具有清热明目的功能，可治眼痛。红螺肉研末服用，可治胃病及十二指肠溃疡、四肢痉挛等症。红螺厣主要由胶原蛋白组成，共含14种氨基酸，其中精氨酸含量最高，可达11%。红螺厣焙干研末，可治中耳炎及疮疖。

海蜇

海蜇可用来治疗妇女血崩。将海蜇用白糖腌泡，然后带汁服用，或将海蜇腹面黑膜剥下，加糖适量煎服，效果良好。用海蜇配合牡蛎、荸荠等，还可治疗气管炎、哮喘、颈淋巴结核、小儿积滞、大便燥结、关节炎等症。

螃蟹

螃蟹可供清热、散血、滋补、消肿的药用。如将蟹焙干研末，用黄酒冲服，可治跌打摔伤或腰扭伤。蟹壳煅灰可治妇女产后血闭、乳痛硬肿等病症。

鱼类

从棘鲨胃中提取出的胃蛋白本酶，是治疗消化功能障碍的良药。

黄鱼的鱼鳔晾干后，用开水浸泡，待鱼鳔变软后贴于手脚的破裂处，两天就见效，因为黄鱼的鱼鳔有止血润肤之功能。

鳐鱼可用于治疗慢性头痛病和足部风湿病等。

从海鱼中提取胰岛素制药，可治疗糖尿病等多种疾病。

江豚

江豚俗称“江猪”，是沿海常见的小型齿鲸种类之一。它的肝脏可制成海豚肝油，肺、脾可制止血剂，心、睾丸、卵巢、脑下垂体等可制各种激素。

海马

海马是珍贵的药材，它有健身、止痛、催生、强心等作用，将其泡酒饮服，可治关节痛、神经衰弱等症。

旅游常识

行前准备须知

常言道：“在家千日好，出门一时难。”其意是：出门不同在家，会遇到各种困难。因而旅行前的准备工作十分必要。

（1）需携带的物品

居民身份证、车票（或船票、飞机票）、差旅费。若是夫妻同行要带结婚证。如出国要带护照。如因公外出，还要记住所到单位的详细地址、电话、交通情况。

（2）生活用品

旅途生活用品，要以简便为原则。依据旅程时间长短、目的地的气候、生活备件等情况，有选择地携带一部分生活用品。一般可带的生活用品有：供换洗的内衣裤、袜子、洗漱用品、剃须刀；旅行剪、水果刀、卫生纸；备用药品〔防感冒、止泻、通便、防晕车（船）药及本人专用药物〕；手机、照相机、摄像机、水杯、书等。如外出时间较长，在这期间季节有变化，或去气温差异较大的地区（如冬季从南方来北方），还要带好备用衣物等。

在旅途中不需要的东西，如家中和办公桌的钥匙、贵重物品，本地的票证等，尽量不带。这样既减轻负担，又避免丢失。

乘车、船、飞机须知

乘火车：要知道去的目的地的车次、发车时间、路程和票价。车票买到后，要看明日期、车次和到站是否相符。若是在中途转车（包括汽车），最好购买联票。列车中途到站或夜间乘车，有旅客上下，要注意看管好自己的行李、物品。

乘汽车：如晕车，可坐在靠窗口座位，减轻症状。

乘轮船：上船后，要先找到自己的舱位，放好物品。遇有风浪晕船，要注意少饮食，多休息。

乘飞机：在飞机起飞降落时，会感到耳朵有些胀痛。这时要吃点糖果，通过口腔蠕动调整耳压；另外，做反复张嘴的动作，或捏住鼻孔鼻腔鼓气，或咽唾沫等，均可使耳膜恢复正常。

住宿须知

到宾馆、旅店办理登记手续要带上居民身份证。如果夫妇同去旅游，勿忘带结婚证，否则不能安排住在一起。住下后，要了解住处的位置及附近的交通情况，以便外出乘车。贵重物品等要交由旅馆存放处保管。

饮食须知

旅途中注意饮食卫生。夏季，切忌吃不新鲜的海产品及肉类等荤腥食物。

外出旅游，长途跋涉，翻山越岭，汗水涔涔，要及时补充水分，但要饮用经过消毒的自来水，或是泉水、井水。这些水须煮沸后方可饮用。若无水，可多吃些瓜果来解渴，但瓜果一定要削皮，因渗透在果皮中的农药用水是洗不掉的。

早饭要吃饱，因早晨胃里已空，上午要旅行，消耗能量较大。饭吃得太少，则要动用储存在肝脏内的肝糖。肝糖用得过多，即会出现低血糖反应，产生头晕、眼花、出冷汗甚至晕倒等症状，而且也易患胃病。旅途中尽量保证吃得清洁和清淡，要选择卫生条件好的饭店用餐。

问路须知

在旅行中，倘若道路不熟，要及时向他人询问，以免走错道白跑冤枉路。问路时要注意礼貌，吐字要清楚，少讲方言口语。寻问时，要用恰当的称呼，万万不可用“喂”“老头儿”“老太太”“小孩子”之类的庸俗称呼。对方回答时，要注意倾听。对方回答完时，要说“谢谢”“打扰您了”或“麻烦您了”等致谢的语言，切勿不辞而别。如到住户家问路，要先轻轻叩门，同时问“有人吗？”得到允许后才可进屋。叩门不要敲得过急、过重，否则是不礼貌的。

问路中，如几个人讲的不一致，要分析、判断一下，所问之处是否有几种不同的走法，必要时可再请教另一个人。实在无法搞清，要到当地派出所去寻问或请教交警。

安全须知

旅行前，要向亲属、朋友打个招呼。要同目的地的亲属、朋友及委托人取得联系，使他们知道你出发的方向、路线、时间及乘坐工具。到达目的地后，要及时通知家人或有关人员，以免使他们惦念。

贵重物品最好不要随身携带，巨额钱款通过邮局汇寄，或带银行卡，身上只带旅途生活用款。如带有钱款或文件，不要到人多的地方行走，不要与陌生人攀谈，要有安全防范措施。

随身携带的钱款较多时，要将钱分开存放，不要放在行李中，要放在贴身内衣口袋里。必要时可把钱款缝在贴身衣服口袋中，以防滑落。旅途中不要经常往外拿出全部钱款，外衣口袋中装好零钱备用。

所带物品不可交给不相识的陌生人照看。到达目的地下车前，准备好自己的物品，检查是否有遗漏忘掉的东西。

旅行中遇到暴力行为时，不能惊慌失措，要机智勇敢地与罪犯搏斗。罪犯侵犯人身安全时，应进行正当防卫，与其斗争时，要想方设法搞到罪犯的证据和看清罪犯的相貌特征，好为以后及时破案提供线索。

观光须知

（1）游前先问

东晋道教学者葛洪在《抱朴子》中专门撰写了《登涉》一章，介绍游山的注意事项，其中颇为重要的一点即“游山先问”。其意就是，游览观光前，要事先了解一下，您要游的山水风景有何特征，最美的是什么景，最佳的游览方式是什么，什么时候去观光为最好等问题，这样您就不会扫兴而归。

（2）远望近观

北宋绘画理论家郭熙说，山水“远望之，以取其势”，“近看之，以取其质”。这一语道明了远望近观的益处。远望是欣赏山水的气势，风景宏观的美；近观则主要是欣赏山水具体的姿态，风景细微的美。诸如，要观看云雾缭绕的峰峦，即必须在山下观看，如爬到山上，四处一片雾茫茫，就感觉不到“山姑娘围着白纱巾”之美了。“不识庐山真面目，只缘身在此山中。”苏东坡的这句诗，说的也是这个道理。

（3）情景交融

山水风景欣赏，尤为强调外在的景和自己内心感情的交融，这是我国古代美学范畴“意境”说的核心。游山玩水，观光赏景触动不了自己的感情，那是最没情趣的。真正的审美赏景观光，必然是以情悟物，以情悟景。正如李白的“举头望明月，低头思故乡”，王安石的“春风又绿江南岸，明月何时照我还”等诗句，均是在风景欣赏中，寄托了自己的思乡之情，这就是情景交融的结晶。

旅游中疾病的防治

运动病

晕车、晕船和晕飞机在医学上称为运动病。

防止方法：旅行时，首先要保持愉快的情绪，恐惧、烦躁都易诱发晕车、晕船。旅途中的饮食起居尽可能保持原有规律，不要暴饮酒和进食过饱，食物宜清淡易消化。选择座位时尽量选择车船摆动最小的靠近重心部位，即中部。身体方向应和车船前进方向一致，并尽可能将头部固定在一个远处不动的目标上，不要去看窗外移动的景物。

防治的药物：最常用的药物有晕海宁、车莨菪碱、安定、复方颠茄片等数种，一般可在启程前半小时服1片，三四小时后再服1次，如长途旅行，可口服3次，每次一片。另外，土方也可防治运动病，如用两片鲜姜贴在内侧手腕的“内关”穴上，用橡皮胶布贴牢，或含在嘴里，都能减轻症状。

水土不服

有的游客因换了地理环境，发生胃口不佳、头昏无力、精神萎靡、消瘦、腹泻和皮肤发痒等症状，这种并非由疾病所致而引起的现象，统称为水土不服。

水土不服一般不需要药物治疗，如症状明显可服少量药物。如皮肤瘙痒起块，可服氯苯那敏，每次1片，日服2—3次；胃口不好或腹泻，可吃食母生或多酶片等助消化药。

失眠

怎样减少旅游中的失眠现象呢？一般来说，睡前不要喝茶、抽烟，检查一下被褥、枕头，使其厚薄高低适度，有条件的可洗个温水澡，对减少失眠都有好处。晚餐时间尽量保持原来的生活习惯，这对消除失眠也有作用。

一旦失眠，不要着急。不要老是开灯看手表计算多久没入睡，这样会更加心烦。要尽力保持情绪安定，尽量使肢体摆得舒适，让全身肌肉松弛。还可不时有意地打呵欠，每打一次呵欠后，把身体位置稍作变动，使肌肉更加放松。这样，不久就会慢慢进入梦乡。

另外，也可服些安眠药，每次一或两片，睡前半小时服用。

昏厥和中暑

昏厥的预防主要靠自己多加注意，在变动体位时，动作尽可能缓慢些。有昏厥史的人，要避免从山顶俯视悬崖峭壁。感到饥饿时，应及时就餐或吃些糖果、糕点。

当有人昏厥，应立刻让他躺平，头部稍低，两脚抬高，以改善脑部血液循环。同时解开患者的领口和腰带。如在室内，要打开窗户使空气流通。如疑有低血糖，可给予口服糖水或进食糖分高的食物。

在酷热的夏季旅游时常会发生中暑，轻者头痛头昏，疲乏无力，耳鸣眼花，口渴尿少。重者体温升高，皮肤干热，昏迷胡语。

如遇到有人发生中暑，要将其移到通风阴凉处，解开衣扣裤带，让他平卧，用冷水毛巾敷其头部或擦身、煽扇，给予清凉饮料或凉的淡盐开水。轻者，可内服人丹或石滴水。对体温升高的重症病人，最好用冰水擦洗全身，井水、泉水或一般冷水也可以。要把皮扶擦红，使表皮血管扩张，以利散热。

溺水

不会游泳的人淹没在水中而引起窒息，称为溺水。

溺水者被救上岸后，要用木片撬开他的嘴、清除堵塞在他口鼻里的泥沙和杂草。救护者采取半跪的姿势，将溺水者的腹部放在膝盖上，使其头部下垂，压迫他的胃部，使胃和气管里的水流出来。如溺水者还不能恢复呼吸，应立即施行人工呼吸。溺水者苏醒后要给他喝些热姜汤或浓茶，并服用抗生素，预防发生肺部感染。

出血和扭伤

划伤等小出血，用干净布类扎住伤口即可。骨折等大出血，须在上臂或大腿上方用带子扎紧，每20分钟再放松1—2分钟，直到血止。其他部位出血，则可用手指压住血管的上部（近心脏端），阻断血的来源。

旅游时易发生扭伤，轻者贴张伤筋膏，涂点风油精；重者要用胶布固定，再用绷带加压包扎。脚扭伤时，可用一手握住伤脚踝部，另一手拿住脚趾，由外向里摇动数次，再使脚趾尽量向下弯曲，然后再尽量向上弯曲，如此反复多次，就会好转。晚上用热盐水洗泡伤脚，效果更佳。

图书在版编目（CIP）数据

大连旅游指南 / 李义编著. — 大连：大连出版社，2014.5
ISBN 978-7-5505-0612-1

Ⅰ. ①大… Ⅱ. ①李… Ⅲ. ①旅游指南-大连市
Ⅳ. ①K928.931.3

中国版本图书馆CIP数据核字(2013)第271372号

出 版 人:刘明辉
策划编辑:卢 锋
责任编辑:李玉芝
装帧设计:王石工作室
责任校对:达 楮
责任印制:阎 骋

出版发行者:大连出版社
地址:大连市西岗区长白街10号
邮编:116011
电话:0411-83620401 0411-83621075
传真:0411-83610391
网址:http://www.dlmpm.com
邮箱:lf@dlmpm.com
印 刷 者:辽宁省印刷技术研究所
经 销 者:各地新华书店

幅面尺寸:120mm×180mm
印 张:3.75
字 数:120千字
出版时间:2014年5月第1版
印刷时间:2014年5月第1次印刷
书 号:ISBN 978-7-5505-0612-1
定 价:19.80元
